Karl Hesselbacher

Paul Gerhardt
Sein Leben – Seine Lieder

PAUL GERHARDT

Sein Leben – Seine Lieder

Karl Hesselbachers
Paul Gerhardt – Der Sänger fröhlichen Glaubens

neu herausgegeben von

SIEGFRIED HEINZELMANN

aussaat

11. Auflage 2004

© EDITION SONNENWEG im Aussaat Verlag,
Zweigniederlassung der Verlagsgesellschaft des
Erziehungsvereins mbH, Neukirchen-Vluyn
Titelgestaltung: Dietmar Reichert, dtp+design, Dormagen
Satz: Hans Hegner
Druck: Ebner & Spiegel, Ulm
Printed in Germany
ISBN 3-7615-5387-0
Bestellnummer 155 387

Vorwort

Karl Hesselbacher wurde am 11. Januar 1943 heimgerufen, als man erschüttert wurde »durch so viel Angst und Plagen, durch Zittern und durch Zagen, durch Krieg und große Schrecken, die alle Welt bedecken«. Er wird daran gedacht haben, als er im stillen Baden-Baden, wo er als Dekan und Kirchenrat im Ruhestand lebte, in seinem Paul-Gerhardt-Buch blätterte. 1936 hatte er es herausgegeben. Damals stand die Kirche in schwerer Anfechtung und mancher hatte seinen Christenglauben zu bewähren. Und so wünschte Paul Hesselbacher, »dass die Glaubenskraft und Glaubensfreudigkeit dieser Lieder in unsere Zeit hineinströme. Wir brauchen die klassischen Zeugnisse solcher Glaubensmenschen mehr denn je. Der Blick auf schwere Kämpfe, die damals ausgefochten worden sind, vermag allerhand Menschen in ihren Gegenwartskämpfen zu stärken«. Das gilt zu allen Zeiten, das gilt auch heute. Deshalb soll das Leben und das Leiden Paul Gerhardts neu vor unsern Augen erstehen, deshalb sollen seine Choräle in ihrer Fülle zu unsern Herzen sprechen.
Ich habe den Inhalt etwas vereinfacht, den Text gestrafft, aber das persönliche Zeugnis Hesselbachers unangetastet gelassen. Erfahrungen mit Paul-Gerhardt-Liedern aus jüngster Zeit schließen das Buch ab. Unsere Bitte aber für die Zukunft ist:

Du Herr, hast selbst in Händen
die ganze weite Welt,
kannst Menschenherzen wenden,
wie dir es wohlgefällt;
so gib doch deine Gnad
zu Fried und Liebesbanden,
verknüpf in allen Landen,
was sich getrennet hat.

Siegfried Heinzelmann

Inhalt

Verzeichnis der verwendeten Paul-Gerhardt-Lieder

Einleitung

Es war in unserem Pfarrhaus im Odenwald. Die Mutter hatte uns zu Bett gebracht. Wir beteten unsere Abendgebete. »Mutter, sage uns doch ein neues!« bat ich. Da begann sie:

Nun ruhen alle Wälder,
Vieh, Menschen, Städt' und Felder,
es schläft die ganze Welt.
Ihr aber, meine Sinnen,
auf, auf, ihr sollt beginnen,
was eurem Schöpfer wohlgefällt.

Wo bist du, Sonne, blieben?
Die Nacht hat dich vertrieben,
die Nacht, des Tages Feind.
Fahr hin! Ein' andre Sonne,
mein Jesus, meine Wonne,
gar hell in meinem Herzen scheint!

Das Lied wurde dann manche Jahre hindurch mein Lieblingsgebet. Es hat mich eigenartig bewegt, sooft ich es sprach. Mir war, als sähe ich die Sonne hinter den Waldhöhen niedergehen, die unser Dörflein überragten, und die Nacht aufsteigen, eine riesige Frauengestalt in wehendem schwarzem Mantel, die mit weit vorgestreckten Armen die fliehende Sonne verjagt. Aber hinter diesem Bild stand friedlich ein zartes silbernes Leuchten. Eine Himmelspforte schien sich mir zu öffnen, aus der heraus segnende Hände, von geheimnisvoll verborgener Lichtquelle her überstrahlt, sich über die einschlafende Welt der Kinder ausbreiteten. Damals wußte ich noch nicht, daß Hebbel in seinen »Briefen und Tagebuchblättern« aus seiner Kinderzeit erzählt:
»Ich mußte meiner Mutter immer aus einem alten Andachtsbuch den Abendsegen vorlesen, der gewöhnlich mit einem geistlichen

Lied schloß. Da las ich eines Abends das Lied von Paul Gerhardt, worin der schöne Vers:

> Die güldnen Sternlein prangen
> am blauen Himmelssaal –

vorkommt. Das Lied, vorzüglich aber dieser Vers, ergriff mich gewaltig, ich wiederholte es zum Erstaunen meiner Mutter in tiefster Rührung wohl zehnmal.«

Was den großen Dichter erschüttert hat, hat auch mich erfasst: es war die echte Poesie, die später Matthias Claudius gepackt hat, daß ihm sein herrliches Abendlied »Der Mond ist aufgegangen ...« aus der Seele strömte. Eine Poesie, die nur einem Begnadeten geschenkt wird, in dessen Augen wir die Schönheit der Erde schauen können im Spiegel ewiger Gedanken, und aus deren Liedern diese Ergriffenheit strömt, die jeden Empfänglichen in ihre lichte Welt hineinführt.

Es war etliche Jahre später. Wir hatten in Baden ein neues Gesangbuch erhalten an Stelle eines alten Buches, das aus der rationalistischen Zeit stammte. Mein Vater war ein begeisterter Vorkämpfer für dies neue Gesangbuch gewesen und ließ mit Hilfe seines Kirchenchors die neuen Lieder singen. Mit Macht tönte seine Stimme aus dem Holzkäfig, den man Sakristei nannte. Ich saß neben ihm, ein Junge von etwa elf Jahren. Da kam – in der Passionszeit – das Lied dran: »Ein Lämmlein geht und trägt die Schuld ...« Und majestätisch ging der Vers durch die einfache Dorfkirche:

> Geh hin, mein Kind, und nimm dich an
> der Kinder, die ich ausgetan
> zur Straf' und Zornesruten.
> Die Straf' ist schwer, der Zorn ist groß,
> du kannst und sollst sie machen los
> durch Sterben und durch Bluten.

Und dann die Antwort, demütig und gehorsam:

14

Ja, Vater, ja, von Herzensgrund,
leg auf, ich will dir's tragen.
Mein Wollen hängt an deinem Mund,
mein Wirken ist dein Sagen!

Welch ungeheures Bild tat sich vor mir auf! Der Himmel schien sich über mir zu öffnen. Ich schaute in unendliche Tiefen, in lauter funkelnde Sonnen hinein. In »das Licht, da niemand zukommen kann« hätte ich später vielleicht gesagt. Und die Herrlichkeit Gottes blitzte in tausend Strahlen. Sein Antlitz war überströmt von lauter Erbarmen – als er hinabwies auf die arme dunkle Erde, auf die Welt der Sünde, die verdarb in Elend und Not. »Mein Kind! Du sollst sie retten!« Und im Sternenglanz schien der Heiland zu schweben, als er sein Haupt neigte, um den furchtbaren Weg anzutreten zu Dornenkranz und Kreuzespein.

Als Student habe ich einmal im Kloster Heilsbronn ein mittelalterliches Gemälde gesehen: Gott-Vater in der Pracht eines Weltenherrschers, mit den flammenden Zornesaugen des Weltenrichters, schwingt das Schwert von seinem Wolkenthron aus über die zitternd zusammengeduckte Menschenwelt. Da tritt der Heiland mit den Wundmalen an Händen und Füßen dazwischen und hält das gehobene Schwert an, daß es nicht hinabzucken kann über die Verzweifelten. Da war die gleiche Kühnheit der Phantasie, die das ewige Geheimnis zu bilden wagt.

Und wieder ist in diesem Erlebnis des Kindes in der Dorfkirche etwas von der Kraft und Innigkeit der Gerhardtschen Dichtung aufgegangen. Innenschau eines Herzens, dem es vergönnt ist, die Schranken von Raum und Zeit zu überschreiten und »zu schauen, was keines Menschen Auge geschaut«, und »was Gott bereitet hat denen, die ihn lieben«. Und Poesie, die das Geschaute in herrlichen Bildern sagen kann, daß sich jedes wahrhaft kindlich gebliebene Gemüt an ihnen entzündet zur Anbetung himmlischer Geheimnisse. Diese Poesie ist die Vereinigung des Idyllischen mit dem Großen. Derselbe, der den Frieden der sternenbesäten Nacht zu singen weiß, greift in die Wunder der Ewigkeit hinein. Lautere Poesie – sie ist im evangelischen Kirchenlied nicht immer zu finden. Der »Bekenner« ist nicht allemal zugleich ein »Sänger«. Aber Paul Gerhardt war es.

Ihm auf seinen Lebenswegen ein wenig nachzugehen und aus seiner dichterischen Welt die Edelsteine in ihrem eigenen Glanz leuchten zu lassen, sei die Aufgabe dieses Buches.

Heimat und Jugend

Zwischen Wittenberg und Halle liegt die ehemals kursächsische Stadt Gräfenhainichen, die im Volksmund »Hänichen« genannt wird. Um die Wende des 16. und 17. Jahrhunderts war sie eine nicht unbedeutende Stadt. Wehrhafte Mauern liefen um die Häuser, in denen die Ackerbürger ihre Wohnungen, Ställe und Scheunen hatten. Trutzige Türme schützten Obertor und Untertor. Hoch hinaus über die niederen Dächer hob sich der Turm der Marienkirche. Ein stattliches Schloß war der Sitz eines Adelsgeschlechtes, das sich »die von Mücheln« nannte. Ein »Amtsschösser« vertrat den Kurfürsten und wachte eifersüchtig auf seine Gerechtsame. Drei Bürgermeister walteten über die Bürgerschaft. Einer von ihnen war der »regierende Bürgermeister«, der jeweils am Jahresschluß sein Zepter einem der beiden anderen übergab und in die Reihe der »ruhenden« zurücktrat, die dem Stadtoberhaupt mit ihrem Rat zur Seite gestanden sind.

Einer von diesen Bürgermeistern war »Herr Christian Gerhardt«, der Sohn eines Gastwirts, ein hochangesehener Mann. Seine Frau hieß Dorothea, »hinterlassene Tochter des Ehrwürdigen und Achtbaren Wohlgelahrten Herrn Magisters Caspar Starcke, Superintendenten zu Eilenburg«. Dorotheas Großvater war der Magister Gallus Döbler, gleichfalls Superintendent in Eilenburg. Sein Bild ist heute noch dort in der Stadtkirche zu sehen. Er war eine der unerschrockenen Predigergestalten jener Zeit, die für das Evangelium Kopf und Kragen wagten und mit dem Bekennermut die Herzenseinfalt des echten Seelsorgers vereinten. Der Geist von Großvater und Urgroßvater schwebte über dem Söhnlein, das nach dem Großvater den Namen Paul erhielt, als es am 12. März 1607 geboren wurde.

Es wäre reizvoll, in die Kindertage hineinzuschauen, die der Knabe verlebt hat. Aber wir wissen aus diesen Kindertagen nichts.

Das väterliche Anwesen umfasste neben dem Wohnhaus ein Brauhaus, Scheune, Stall und Ackerwirtschaft. Da wird der Sohn des Gastwirts allerlei Kostgänger unseres Herrgotts aus- und eingehen gesehen haben. Er wird mit Knechten und Mägden auf den Kornäckern die Frucht geschnitten und mit staunenden Augen jedes Frühjahr gesehen haben, wie der »Weizen mit Gewalt wuchs« zur Freude von jung und alt. Er wird in den Gärten vor dem Tor Narzissus und die Tulipan beschaut haben. Beim Durchstreifen der weitausgedehnten Hopfenäcker, die der Bürgerschaft Haupteinnahmequelle bedeuteten, sang ihm aus den tiefen Wäldern die »hochbegabte Nachtigall« ihr Lied. Und manchmal trat abends der »schnelle Hirsch und das leichte Reh« aus dem dunkelnden Forst in den Wiesengrund, um zu äsen. Drüben an dem gewundenen Bachlauf lagerten die Schafe in ihren Hürden, während ein Hirtenlied durch die still gewordene Flur klang. »Holder Friede, süße Eintracht« lagerten über der kleinen Welt, in der das träumende Auge des Kindes sah, wie sich der Himmel über ihm aufschloß und die güldnen Sterne ihren ewigen gleichen Weg durch die stille Nacht gingen.

Die Schule gab ihm die Kenntnis der lateinischen Sprache und die Fertigkeit im Gesang, da die Schüler im sonntäglichen Gottesdienst den Chorgesang ausübten und mit den »Adjuvanten« aus der Bürgerschaft die stattliche »Kantorei« bildeten, die mit künstlicher Figuration der Stimmen ihre Lieder von der Orgel herab ertönen ließen.

Freilich – über dem stillen gemächlichen Leben der Kleinstadt lag doch ein leises Wettergrollen. Die Zeit war voll kirchlichen Streites. Calvinismus und Luthertum lagen in schwerem Ringen. Kurpfalz und Rheinland, Nassau und Hessen, Mecklenburg-Güstrow und Schleswig-Gottorp waren dem Geist des Genfer Reformators zugefallen. Und dazu kam das Anhalter Ländchen, das dem Kurkreis Wittenberg benachbart war. Die lutherische Konfession war die einheimische, konservative, ein Erbteil der Wittenberger Väter; die reformierte aber kam vom Ausland, war welsch angehaucht und vertrat den Fortschritt und die Zukunft. Die politisch vorwärts strebenden, ein Neues suchenden Kreise neigten ihr zu. Etwa zwanzig Jahre vor der Geburt von Paul Gerhardt war in Kursachsen Kurfürst Christian I. an die Regierung gekommen, der sich mehr um eine wohlbesetzte Tafel als um die Regierungsgeschäfte kümmerte. Er hatte sich im Gegensatz zu seinem Vater August zur reformierten Seite gewandt, unter den Einfluß seines reformierten Schwagers, des Grafen Johann Casimir von der Pfalz und besonders seines Kanzlers Nikolaus Krell, der in Frankreich studiert und dort in den Kreisen der Hugenotten die calvinistische Welt kennengelernt hatte. 1591 kam es zum ersten Konflikt. Der Kurfürst griff in die Rechte und Formeln der lutherischen Kirche ein. Die Lutheraner hatten die Gewohnheit, bei der Taufe, wie es im Mittelalter geschehen war, den »Teufel auszutreiben«, damit der Fluch der Erbsünde in dem Kind getilgt werde. Das war der »Exorzismus«, auf den nicht bloß die Theologen, sondern ebensosehr die Gemeindeglieder hielten. Ein ehrwürdiger Brauch gilt auch heute in den Gemeinden vielfach noch mehr als die »rechte Lehre«. Die Calvinisten lehnten den Exorzismus ab. Nun erließ der Kurfürst ein ausdrückliches Verbot dieses Exorzismus. Gab das eine Aufregung im Land! Ein Fleischer in Dresden kam mit dem Beil bewaffnet zur Taufe seines Kindes und verlangte, daß sein Kind mit dem »Fahraus« getauft werde, wie es richtig sei! Die streng lutherischen Pastoren weigerten sich, dem kurfürstlichen Befehl zu gehorchen – mehrere wurden ihres Amtes entsetzt. Auch der Superintendent von Gräfenhainichen, Magister Tobias Mirus – und des Dichters Großvater, Magister Kaspar Starcke in Eilenburg.

Nach dem frühen Tode Christians I. schlug der Wind gründlich um. Der unselige Kanzler Krell mußte auf das Schafott wandern. Die vertriebenen Pastoren wurden wieder eingesetzt.

Aber der Bürgermeister Christian Gerhardt mag wohl zuweilen, als er mit seinen beiden Söhnen am Pfarrhaus hinter der Marienkirche vorüberging, den Knaben erzählt haben, mit welcher Standhaftigkeit Magister Mirus für den lutherischen Glauben eingestanden und die Schmach und Not des Exils erlitten habe. Die Mutter wird einmal nach ihrer Heimat Eilenburg gereist sein. Dort hatte ihr Vater seine Gemeinde nach der Absetzung auf freiem Feld versammelt, um ihr die letzte Predigt zu halten, ehe er ins ›Elend‹ zog. Denn das Gotteshaus war ihm verboten. Ehrfürchtig mögen die Kinder den Platz angeschaut haben, auf dem der Verfolgte unerschütterlich seinen Mann stand. Kindereindrücke löschen nie aus. Da ist gewiß im Herzen des jungen Paul die Ehrfurcht vor der Tapferkeit des Glaubenshelden eingezogen – wie ähnlich sollte es ihm selber gehen!

Die stillen Kindertage flogen nur zu schnell dahin. Die Kinder verloren ihre Eltern sehr früh. 1619 starb der Bürgermeister Christian Gerhardt, und zwei Jahre drauf tat die Mutter die immer sorgenden Augen zu. Vier Waisen standen am Grab. Paul war 14 Jahre alt, als er »mutterseelenallein« in die dunkle Zukunft hineinschreiten mußte. Die neunjährige Schwester Anna kam zu Verwandten und hat mit ihnen die Nöte des Krieges, der Pest, der Teuerung und der Drangsal geteilt. Die jüngere Schwester Agnes scheint daheim geblieben zu sein. Die Söhne aber, Paul und der ältere Bruder Christian, sollten einst studieren. So gingen sie als Schüler nach Grimma. Dort war das ehemalige Augustinerkloster 1550 in eine Fürstenschule umgewandelt worden. 96 Alumnen konnten Aufnahme finden. Die meisten dieser Schüler hatten Freiplätze, die sie sich durch ein Examen erwerben mußten. Einige Wohlhabende saßen auf »Koststellen«, für die sie jährlich 15 Gulden zu bezahlen hatten. Darunter waren die beiden Brüder. Am 4. April 1622 ist Paul dort eingetreten.

Das weitläufige Kloster war nicht verändert worden. In den Mönchzellen schliefen die Schüler. Im alten Refektorium nahmen sie ihre Speisen ein. Wo einst der eintönige Horengesang der Kuttenträger erschollen war, sangen frische Jugendstimmen evangelische Choräle.

Aber das Leben der Zöglinge war nicht viel anders als das einstige Mönchsleben.

Selbst an frostigen Wintertagen heißt es um 5 Uhr »Aufstehen«. Die ungeheizte Zelle ist bitter kalt. Der Schüler zieht seine »Schalaune« an, das kuttenähnliche Gewand, das die Fürstenschüler zu Grimma tragen müssen. Auf den Knien wird der Morgensegen gesprochen. Dann geht es ans Bettenmachen und Zellenfegen. Der Kehricht muß zur Grube getragen werden. Die Stunde, bis es sechs Uhr schlägt, muß gut genützt werden, damit alles in blitzblanker Ordnung liegt. Dann gehen die Scholaren in sittiger Ordnung in den großen Lehrsaal. Lateinisch oder griechisch wird das Gebet gesprochen. Die Lehrstunde wird in lateinischer Sprache gehalten. Der Anfänger stöhnt oft, bis es ihm gelingt, dem Vortrag des gestrengen Magisters zu folgen. Aber Latein ist die Sprache, die einzig des Gelehrten würdig ist. Sie muß ihm zur zweiten Muttersprache werden. Deutsch spricht nur »das Volk«, über dem der Studierte in turmhoher Erhabenheit steht. Deshalb hat auch der junge Paul, als er um Aufnahme in die Schule bat, schon eine lateinische Erklärung des Lutherischen Kleinen Katechismus und einen lateinischen Brief schreiben müssen, für den Fünfzehnjährigen eine tapfere Leistung.

Um sieben Uhr geht es in die Kirche zum gemeinsamen Morgengesang. Denn es ist oberster Grundsatz der Schule, die Alumnen »zu Gottesfurcht und guter Sitte« zu erziehen. Darum muß Gottes Wort sie ständig begleiten, damit sie »den Gedanken an Gott den ganzen Tag nicht aus den Augen verlieren können«, wie der erste Rektor, Adam Silber, einst verlangt hat.

Nach der Morgensuppe beginnen wieder die Lektionen, in denen neben den Griechen und Römern nie die Bibel fehlen darf. Nach dem Homer wird die Bergpredigt traktiert, und zum Plautus und Ovid treten die Psalmen. Dazu muß sich der Schüler in die schweren Gedankengänge der lutherischen Theologen hineinbohren. Er soll es zur wahren Rechtgläubigkeit bringen, damit er später in Ehren bestehen könne, wenn der »Feind« wieder in die Herde Christi einbrechen sollte.

Abends um acht Uhr wird das gemeinsame Abendgebet gehalten – dann suchen die Scholaren ihre Schlafstätte auf. Keiner darf die Kammer mit brennendem Licht betreten. In völliger Finsternis legen sich die Ermüdeten nieder.

Es ist eine Schule, in der nur die Klügsten und Begabtesten aushalten. Paul Gerhardts Bruder Christian hat es satt bekommen. Eines Tages riß er aus und kehrte nach Gräfenhainichen zurück. Zwischen dem Rektor von Grimma und dem Magistrat der Heimatstadt geht ein erregter Briefwechsel hin und her. Schließlich erscheint der Ausreißer reumütig – aber sein Können ist nicht besser geworden trotz seiner guten Vorsätze. Und so wird er schließlich in Gnaden entlassen. Er hat zu Gräfenhainichen in des Vaters Erbgut seinen Mann besser gestellt als in der lateinischen Not zu Grimma.

Von der Stadt sehen die Scholaren nicht viel. In klösterlicher Abgeschlossenheit machen sie ihre Spaziergänge, die Welt »da draußen« ist für sie nicht vorhanden. Was mag eine Seele wie die des jungen Paul sich nach der »lieben Sommerzeit« gesehnt haben, da sich die Lerche in die Luft schwingt, das Täublein aus seiner Kluft fliegt und die Welt voll Klang und Lied ist. Dafür müssen die Alumnen sich fleißig der musica sacra widmen. Zur Morgenandacht stimmen sie das veni creator spiritus an. Lateinische Hymnen der ersten Sänger der alten Christenheit werden in vielstimmigem Gesang geübt. Jener Rektor Siber hatte verordnet, daß die Schüler nicht bloß mit der Stimme, sondern mit dem Herzen singen sollen. Am Sonntag gehen die Schüler im Oberstock des Klosters einen gepflasterten Gang entlang zur Kirche, und vom Chorplatz aus begleiten sie den Gottesdienst mit Gesang. Aus solchen Stunden mag in dem jungen Sänger der Wunsch entstanden sein, der ihn später in seinen Liedern hieß, »was dem Höchsten klingt, aus seinem Herzen rinnen zu lassen«.

Zum Poeta hat's aber damals nicht recht reichen wollen! Die Alumnen mußten lateinische Verse schreiben. Das gehörte zu der gelehrten Bildung. Der Dichter wurde nicht bloß geboren, er wurde durch den Unterricht dazu erzogen. Die Muster waren die »Alten«, aus deren Werken man nie genug lernen konnte. Auch Paulus Gerhardus hat sich ans Reimen machen müssen. Und so lautete das Zeugnis seines Herrn Magisters: »Er ist von nicht geringer Begabung, beweist Fleiß und Gehorsam. Sein Stil kann zum großen Teil erträglich genannt werden, und auch seine Verslein sind erträglich.« Armer Paul! Man sieht den emsigen, fleißigen und gewissenhaften Scholar seufzend hinter seinen lateinischen Poeten sitzen, um ihnen das Geheimnis der wahren Dichtkunst abzulauschen oder über die mittelalterlichen Hymnen nachsinnen, die zu Ehren der sieben heiligen Gliedmaßen des Gekreuzigten gedichtet waren. Und doch will's nur ein kümmerliches Reimen werden.

Kein Lehrmeister ahnt, welch künftiger Dichter hier heranwächst. Er muß ein tapferer Jungmann gewesen sein, der Scholar Paulus Gerhardus. Ein Jahr, bevor sein sechsjähriges Studium zu Ende ging, kam ein unheimlicher Gast nach Grimma, der damals seine furchtbaren Wege durch Deutschland öfters gegangen ist: die Pest. Da fiel die Furcht über die Alumnen. Sie ließen sich nicht mehr halten, man mußte sie nach der Heimat ziehen lassen. Nur wenige blieben – unter ihnen Paul Gerhardt!

Am 15. Dezember 1627 verließ er die Fürstenschule und zog als Studiosus der Theologie nach Wittenberg auf die stolze Universität des protestantischen Nordens, die sich rühmen durfte, unter dem Geist Martin Luthers zu stehen, und die darum die meistbesuchte Hochschule Deutschlands geblieben war, auch als die Schrecken des großen Krieges anderen Hochschulen geboten, zeitweise ihre Pforten zu schließen.

Die Universität hielt streng auf ihr heiliges Erbe, das ihr von dem großen Reformator überkommen war. Wer an ihre Tore pochte, um dort zu studieren, einerlei ob Theologe oder Jurist oder Mediziner oder Philosoph, mußte die Augsburger Konfession in ihrer unveränderten Gestalt unterschreiben. Die Professoren der Theologie wachten eifrig darüber, daß kein Hauch eines Irrglaubens über die wohlbehütete Flur wehen durfte. Das Bekenntnis der Väter war Erz. Davon durfte niemand etwas abbrechen. Das war also die Welt, in der Paul Gerhardt aufgewachsen ist. Schon in Grimma – noch mehr in Wittenberg. Eines dieser Bekenntnisse, vor dem er sich mit heiliger Ehrfurcht beugte, war die Konkordienformel. Sie ist von den lutherischen Gottesgelehrten am Ende des 16. Jahrhunderts aufgestellt worden, um der drohenden Zersplitterung zu wehren, in die die Lutherischen auseinanderzufallen drohten. Hier war »die Konkordie«, die Einheit und Einigkeit, unter vielen Mühsalen endlich erreicht worden. Darum sah der wahre Lutheraner in der Konkordienformel ein teures Gottesgeschenk, das verteidigt werden mußte, und wenn es Gut und Blut kostete. Das geht durch das ganze Leben Paul Gerhardts hindurch: »Darf ich auf die Konkordienformel verzichten oder nicht?« »Sie ist nicht ein schlichtes und gewöhnliches, sondern ein symbolisches Buch. Sie ist ein Glaubensbekenntnis, und zwar nicht ein privates Bekenntnis irgend einer einzelnen Person, sondern ein Bekenntnis der ganzen lutherischen Kirche!« Man spürt in diesen Worten ein Bangen um die Geltung dieses Bekenntnisses und um die Zukunft der Kirche. Da ist ein Heiligtum, wer es antastet, ist ein Gotteslästerer.

Es ist leicht, jene Zeit abzuurteilen und sie die Zeit des engstirnigen konfessionellen Fanatismus zu nennen. Es tut viel mehr not, dieser Zeit und diesen Menschen gerecht zu werden. Sie haben sich um diese Bekenntnisse gewehrt und lieber das Leben gelassen, als ein Tüttelchen von ihrem »Glauben«, der für sie eins war mit dem Bekenntnis, preiszugeben. Wir kennen die Namen der Lehrer, zu deren Füßen der junge Studiosus gewesen ist: Jacob Martini, Wilhelm Leyser, Johann Hülsemann und vor allem Paul Röber. Der war nicht bloß ein Theologe, sondern – ein Künstler. Dichtung und Musik geleiteten ihn. In seinen Predigten spürte man den Hauch eines Geistes, der in der Welt des Schönen zu Hause war. Sein Wahlspruch hieß »pie, prudenter, patienter« – fromm, weise, geduldig. Ein Zeichen dafür, daß mitten in dem Trutz der theologischen Bekenntnisfrömmigkeit das Herz, das den Theologen macht, nicht vergessen wurde. Der Studiosus mag an diesem Lehrer mit besonderer Liebe gehangen haben. Er hat ein Lied von Paul Röber später umgedichtet.

Aus dieser Studienzeit Gerhardts ist so gut wie nichts bekannt. Nach einer nicht ganz sicheren Nachricht soll er Informator im Hause des Archidiakonus M. August Fleischhauer in Wittenberg gewesen sein. Aber selbst wenn diese Nachricht zuverlässig wäre, so klafft doch in seinem Leben ein Zeitraum von 14 Jahren, aus dem uns so gut wie keine Botschaft kommt. Das Wichtigste im Leben eines Mannes, seine innere Entwicklung vom Knaben und Jüngling zum ausgeprägten Mann, bleibt uns für immer verborgen. Viel Grauen wird er im Dreißigjährigen Krieg geschaut haben. Seine Vaterstadt Gräfenhainichen ging in Flammen auf, als der Schwede die Brandfackel hineinwarf. Die Pest kam im Gefolge des Hungers und tat ihr grausiges Werk. Auch Paul Gerhardts Bruder Christian scheint ihr erlegen zu sein. Wenigstens berichtet das Beerdigungsregister von Gräfenhainichen am 7. November 1637 den Tod eines Christian Gerhardt, Schöppenmeister.

Der Weg, den Gerhardt in dieser dunklen Zeit gegangen ist, war ein Weg durch »Not und große Schrecken, die alle Welt bedecken«. Als er sein Lied sang *Gott lob, nun ist erschallen das edle Fried- und Freudenswort*, wußte er von den »zerstörten Schlössern und Städten voller Schutt und Asche zu sagen«:

> Ihr vormals schönen Felder,
> mit frischer Saat bestreut,
> jetzt aber lauter Wälder
> und dürre wüste Heid,
> ihr Gräber voller Leichen
> und blutgem Heldenschweiß
> der Helden, deren gleichen
> auf Erden man nicht weiß.

So schaut aus diesen Versen noch das ganze Grauen, durch die sein junges Leben hat gehen müssen. Das Herz des Dichters war noch beladen mit der unsäglichen Not seiner Heimat.

Der Beginn des Dichtens

Es ist in der Weltgeschichte nicht anders wie in der Geschichte des einzelnen: Notzeiten sind nicht bloß Zeiten des Niedergangs, sondern ebenso wohl Zeiten der Auferstehung.

Es ist ein Merkmal jener Zeit, daß das evangelische Glaubenslied in der Mitte des Lebens und Erlebens vieler Dichter stand. So hat Martin Rinckart sein »Nun danket alle Gott« gesungen. Michael Schirmers Lied »O Heiliger Geist, kehr bei uns ein« ist das klassische Pfingstlied geworden. Sind nicht Nikolaus Herman, Joh. Franck, Joh. Rist, Benjamin Schmolck echte Kirchenlieder gelungen?

Gelegentlich wurde die Meinung vertreten, das sei aus dem Zeitgeschmack zu deuten. Jene Dichter hätten zeigen wollen, daß sie auf allen Saiten der poetischen Leier, der weltlichen und geistlichen, spielen könnten – und darum hätten sie eben auch in geistlichen Liedern ihre Kunst zu zeigen unternommen. Das ist wenig wahrscheinlich. Ein Georg Neumark gehört zu den Mitgliedern einer der damaligen poetischen Gesellschaften und genoß am Hofe Wilhelms II. zu Weimar ein hohes Ansehen. Aber sein Lied »Wer nur den lieben Gott läßt walten« ist keine poetische Künstelei, sondern die aus tiefer Erfahrung geschöpfte Bekenntnisdichtung eines frommen Christenherzens.

Dieses geistliche Lied, das im 17. Jahrhundert entstanden ist, war aber nicht – Kirchenlied. Paul Gerhardts Lieder sind erst um die Wende des 17./18. Jahrhunderts langsam in den Gottesdienst eingedrungen. In der Kirche sang man die klassisch gewordenen Lieder Luthers und seiner Kampfgenossen. Sie hatten die alleinige Berechtigung, das Bekenntnislied der im Gotteshaus versammelten Gemeinde zu heißen und zu sein. Ihr Ton, das Stehen auf dem »Grund der Apostel und Propheten«, der vielgerühmte »Wir-Charakter«, der alles Ichbetonte verbannte, gab der Gemeinde den heiligen Klang. Gesangbücher nahm man nicht mit in die Kirche. Wozu auch? Die meisten Lieder kannte man auswendig.

Viele Kirchenbesucher, vor allem auf dem Land, konnten nicht lesen. Ein neues Lied einzuführen, war sehr schwer. Der Chor mußte es vorsingen – so oft und so lang, bis die Gemeinde es nachsingen konnte. Und es war sehr schwer, den Wortlaut der Lieder aus dem vielstimmigen Tönen der Chorsänger zu verstehen. Kein Wunder, daß man bei etwa fünfzig Liedern stehenblieb, die man in den Gottesdiensten von der ersten bis zur letzten Strophe sang. Diese Lieder haben sich in das Herz der Gemeinde hineingesungen. So wurde das Gesangbuch Luthers wirklich, wie er es selber einst ausgesprochen, »der Laien Biblia«.

Darum sind die geistlichen Lieder des 17. Jahrhunderts – Volkslieder geworden. Allerdings in einem beschränkten Sinn. Lieder des gläubigen Volkes, das sie bei seiner Hausandacht las und auch sang. Denn die Pflege der häuslichen Erbauung war geheiligte Sitte, die in jeder Familie geübt wurde, die etwas auf sich hielt. Frömmigkeit und bürgerliche Rechtschaffenheit gingen miteinander. Der »Wohlehrwürdige« in Staat und Stadt hielt streng darauf, daß er »gottesfürchtig« war und daß er seine Familie in der »Gottesfurcht« erzog. Der Hausvater war damals wirklich Hauspriester und brachte die Opfer des Dankes und der Anbetung täglich mit seiner versammelten Familie in der häuslichen Feier. Zahlreich sind die Erbauungsbücher jener Zeit. Zu dieser Hausfeier gehörte auch das fromme Lied. Eben darum hat dies geistliche Volkslied des 17. Jahrhunderts eine so große Bedeutung gewonnen. Es war das Lied, aus dem der große Kreis der Glaubenden seine tägliche »geistliche Speise« nahm. Darum darf es nicht wundernehmen, daß diese geistlichen Lieder oft von solch ungeheurem Umfange sind. Auch bei Gerhardt gibt es Lieder bis zu 25 und 28 Strophen.

Eine Art von Dichtung hat im 17. Jahrhundert eine besondere Pflege gefunden, die Gelegenheitsdichtung. Bei allen Höhepunkten des Lebens und bei allen wichtigen Ereignissen wurde eine Feier gehalten, die von erheblichem Pathos war. Kindtaufe, Hochzeit, Doktorpromotion, Einzug in ein neues Amt, und dann vor allem das Begräbnis mußte in feierlicher Form vor sich gehen. Es gibt Tausende und aber Tausende von gedruckten Reden, die bei diesen Feiern gehalten worden sind, und aus deren Studium etwas hervorquillt wie von einer Mischung zwischen Modergeruch und Lavendelduft. Liebenswürdige Freude an dem Familienleben neben übertriebenem Menschenkultus, hochtrabende Redewendungen neben echtem Glaubenstrutz, Posaunenstöße neben gefühligem Flötengetön! Zu diesen gedruckten Reden kam noch ein Lebenslauf, der aufgebauscht wurde mit der Hervorhebung von unzähligen Verdiensten, die der »Verblichene« sich erworben. Und endlich durfte das »carmen«[1] bei den Leichenfeierlichkeiten ebensowenig wie beim Hochzeitsfest fehlen. Wo sich aber ein Dichter fand, dessen Gesinnung lautere Frömmigkeit war, gelangen Verse, die weit über den vorliegenden Fall einer Familienfeier hinausgingen. So kommt es, daß aus solchen Gelegenheitsgedichten Lieder erwuchsen, die später als Gemeindelieder gedient haben. Man sieht es heute dem Lied Simon Dachs »O wie selig seid ihr doch, ihr Frommen« nicht an, daß dies Lied zuerst ein Gelegenheitsgedicht gewesen ist. Oder das Lied »Mach's mit mir Gott, nach deiner Güt'« von Joh. Herm. Schein ist weit hinausgewachsen über die Familientrauer, der es einst als Trostlied gesungen worden ist.

Auch die ersten bescheidenen Verse Paul Gerhardts waren Gelegenheitsgedichte. Sein erstes ein lateinisches Gedicht! Es war am 26. April 1642 – ein Hamburger Professorensohn, mit der Wittenberger Universität durch allerlei verwandtschaftliche Bande verknüpft, hatte sein Magisterexamen bestanden. Professoren und Freunden war es ein willkommener Anlaß, ihn kräftig anzudichten. Auch der poetische Pfarrer und Professor Paul Röber gehörte zu ihnen. An dem Schluß der langen Kette der gelehrten Dichter steht Paul Gerhardt:

Gleichwie aus sonnenüberströmeten Gärten die liebliche Flora goldener Blumen Kranz lächelnd aufs Haupt sich drückt, so erscheinest du uns, den Freunden, jugendlich herrlich, mit der Kro-

1 Gedicht

28

ne geschmückt, die dir die »Mutter« verlieh. Daß du allzeit so bliebst, mög Gottes Gnade dich kränzen: Freude kröne das Herz, ewiges Heil dir das Haupt![2]

Man hat diese Verse unter die »erträglichen« rechnen wollen, von denen einst der strenge Kritikus in Grimma sprach – allein mir erscheinen sie anmutig, aus dem lächelnden Geist antiker Grazie geflossen. Aus ihnen blickt ein feines Gemüt, das heiter in die Frühlingswelt geht und dort bescheiden sein Sträußlein bricht, dem Freunde zu Ehren.

Das nächste Gelegenheitsgedicht ist zu einem Feste geschrieben, das in einer befreundeten Familie zu Berlin gefeiert worden ist. Wer weiß, ob nicht auf diesem Feste das kommende Geschick des Dichters seine ersten Anfänge genommen hat? Jedenfalls taucht auf diesem Fest nach langen dunklen Jahren, in denen die Gestalt Gerhardts völlig verschwunden war, der inzwischen herangereifte, zum Mann gewordene »studiosus theologiae« mit einem Mal wieder vor uns auf. Es war im Jahre 1643. Paul Gerhardt war also damals 37 Jahre alt. In einer Zeit, in der sonst der Mann auf dem Höhepunkt seines Schaffens steht und mitten im Wirken des öffentlichen Lebens seinen Platz einnimmt, ist er noch – »Student«. Freilich darf man das Wort nicht im heutigen Sinne nehmen. Es will sagen, daß es ihm noch nicht gelungen ist, ein geistliches Amt zu bekleiden.

In Berlin lebte der Kammergerichtsadvokat Andreas Berthold, der Sproß einer Beamtenfamilie, frühzeitig auf Universitäten eingeschrieben, der Mann einer aus vornehmer Gelehrtenfamilie stammenden Frau. Also ein Hochangesehener, dem auch ein nicht unbeträchtliches Vermögen eigen war. Seine dritte Tochter Sabina heiratete einen der ersten Geistlichen von Berlin: Magister Joachim Fromm war Archidiakonus an St. Nikolai, der bedeutendsten Pfarrkirche von Berlin. In der Spandauer Straße, im Hause der Eltern Berthold, wurde die Trauung am 3. September 1643 vollzogen. Die Freunde des Hauses kamen und brachten ihre Glück-

---

2   Freie Übersetzung. Die »Mutter« ist die »alma mater«, die Universität.

wunsch-Carmina. An ihrer Spitze der erste Geistliche von St. Nikolai und damit von Berlin: Magister Samuel Hoffmann, und der später berühmt gewordene Dichter Michael Schirmer. Bescheiden überbringt auch der »studiosus« Paulus Gerhardus seine »Oda« in deutschen Versen, die unter den lateinischen (sogar hebräisch hatte einer der gelehrten Freunde gedichtet) Stilübungen, wie der Biograph Gerhardts Hermann Petrich schreibt, »wie eine eben gebrochene Rose zwischen Papierblumen duftet«.

Wie ist der »studiosus« nach Berlin gekommen? Wir wissen es nicht. Es darf angenommen werden, daß er in der Familie Berthold als Informator tätig gewesen ist. Wahrscheinlich bei dem Sohn des Hochzeitsvaters, der nach seinem Vater Berthold hieß und ebenfalls wie der Vater den Beruf eines Rechtsanwalts in Berlin ausübte. Ob Gerhardt in dem Jahr der Hochzeitsfeier von Sabine Berthold, 1643, schon in Berlin lebte oder ob er von Wittenberg aus zu dem festlichen Tag erschienen ist, können wir nicht sagen. Es sollte aber wohl anzunehmen sein, daß er mit der Familie Berthold schon in näheren Beziehungen gestanden ist; denn seine Verse zeigen eine innige Vertrautheit mit Eltern und Kindern. So ist es ein freundlicher Gedanke, daß der schon recht gealterte »studiosus« in diesem Haus eine liebe Heimat gefunden hat nach vielen schweren Schicksalen, und daß das Gedicht, das er am festlichen Tage überricht hat, ein bescheidener Gruß gewesen ist, mit dem er dem Freundeshaus einen Dankeszoll abgestattet hat für die trauliche Stätte, an der er nach wechselvollem Leben sein Haupt hat niederlegen können.

Aus dieser ersten Berliner Zeit erscheinen noch einige Gelegenheitsgedichte, bald auf den Tod von Kindern aus befreundeter Familie, bald ein Vorwort zu dem Buche seines Freundes Michael Schirmer »Biblische Lieder und Lehrsprüche«, bald auf den Tod eines Berliner Predigers Johannes Berkow, dem Paul Gerhardt schon vorher ein Trostgedicht auf den Tod eines Sohnes geschenkt hatte. Es hat einen eigenen Reiz, diese Gedichte zu lesen. In ihnen offenbart sich ein zartes, mittrauerndes Gemüt, das den Schmerz der Betrübten wie den eigenen Schmerz spüren kann, und eine wunderbare Gabe, zu den Bekümmerten zu sprechen – der Seelsorger eint sich mit dem stillen Dichterherzen, das sich in redlichen Versen ausströmen kann. Wie wundervoll ist der Vers, in dem das früh verstorbene Kind des Magisters Adam Spengler von der Lieblichkeit der himmlischen Heimat erzählt und sich darauf freut, bis die Eltern zu ihm in diese göttliche Welt kommen:

> Ich will erzählen, wie ihr habt
> euch selbst betrübt und mich gelabt,
> vor Christo und vor allen.
> Und vor dem heißen Tränenfluß
> will ich mit mehr als einem Kuß
> um euren Hals euch fallen.

Wie mag das Herz der Bekümmerten still geworden sein im Anblick dieser zarten Schau in die Welt der Seligen.
Und dann das andere Trostlied, in dem er den Vater selbst zu dem heimgegangenen Kind sprechen läßt:

> Du bist zwar mein und bleibest mein
> (wer will es anders sagen?),
> doch du bist nicht nur mein allein:
> der Herr von ew'gen Tagen,
> der hat das meiste Recht an dir,
> der fordert und erhebt von mir
> dich, o mein Sohn, ...

Der Schmerz quillt über in des Vaters Herzen:

> Ach gält' es Wünschens, wollt' ich dich,
> du Sternlein meiner Seelen,
> vor allem Weltgut williglich
> mir wünschen und erwählen ...

Aber über all dem Heimweh steht der Gottesruf:

Ich sprech: Ach weh! Mein Licht verschwindt!
Gott spricht: Willkomm'n, du liebes Kind,
dich will ich ewig haben
und ewig reichlich laben.

Aber dann tut sich auch über diesem betrübten Vater der Himmel
auf. Sein Kind

sieht und hört der Engel Mund,
sein Mündlein hilft selbst singen,
weiß alle Weisheit aus dem Grund ...,

so daß in allem Leid doch der Vater zu rufen sich überwinden kann:

Nun will ich nicht mehr klagen:
Ach, mein Sohn, wärst du noch bei mir!
Nein! Sondern: Komm, du Wagen
Eliä, hole mich geschwind
und bring mich dahin, wo mein Kind
und soviel liebe Seelen
so schöne Ding' erzählen.

Ein Vers, der um so ergreifender ist, wenn man weiß, daß nur ein
Jahr später der Vater selbst zur Gemeinde der Gotteskinder ab-
gerufen worden ist.

Gewiß, die Verse sind nicht »hohe Poesie«, aber in ihnen liegt
das Empfinden des schlichten Menschen in all seiner Herzlich-
keit und Natürlichkeit.

Und darum kann man auch den Trauergesang auf den Tod Ber-
kows (*Erhebe dich, betrübtes Herz*) nicht ohne Bewegung lesen,
wenn der Dichter den Vollendeten in Gottes Welt schaut:

Er pred'get seines Gottes Ruhm
und füllt das güldne Heiligtum
und die so schönen Tore.
Sein Name riecht gleich einer Blum'
Im heil'gen Engelchore.

Die Pflänzlein, die er vorgeschickt,
hat er auch schon mit Lust erblickt
und herzlich sich ergötzet.
Nun ist sein Geist in ihm erquickt
und alles Leid ersetzet.

Das sind Lieder, die nichts wissen von dem sonst üblichen Verherrlichen der Toten. Sie fließen nicht über von Tränen und wiegen sich nicht in Schmerzgefühlen, sondern stellen demütig und glaubensstark den einzigen Trost, den es zur Überwindung des Leides gibt, in die Nacht der irdischen Not hinein. Diese Lieder zeigen schon in Umrissen den Dichter in seinen hauptsächlichen Zügen: volksliedmäßige Schlichtheit, Zartheit und Innigkeit des Empfindens. Alles herausgeboren aus dem kindlichen Glauben, der als die verborgene Kraft dies Leben trägt und der siegreich das Leid der Erde überwindet!
Gerhardt hat damals zu Michael Schirmers »Biblischen Liedern« geschrieben:

Weltskribenten und Poeten
haben ihren Glanz und Schein,
mögen auch zu lesen sein,
wenn wir leben außer Nöten:
In dem Unglück, Kreuz und Übel
ist nichts Bessers als die Bibel!

Was Homerus hat gesungen
und des Maro hoher Geist,
wird gerühmet und gepreist
und hat alle Welt durchdrungen.
Aber wenn der Tod uns trifft,
was hilft dann Homerus Schrift?

Gottes Wort, das ist's vor allen,
so uns, wenn das Herz erschrickt,
wie ein kühler Tau erquickt,

daß wir nicht zu Boden fallen.
Wenn die ganze Welt verzagt,
steht und siegt, was Gott gesagt.

In diesen Versen ist eine Art Selbstbekenntnis verborgen. Es kam ihm nie darauf an, ein »Poet« zu werden. Der Lorbeer reizte ihn nicht. Vielleicht hat er sich selbst nie für einen »Dichter« gehalten. Was er wollte, war, Gottes Wort in die Herzen von Menschen zu singen, die mit dem Leben schwer zu tun haben, und ihnen zu helfen, daß sie mit diesem schweren Leben fertig werden. Insofern mag auch über seinem Dichten die so oft getadelte »Nützlichkeit« der Dichtung seiner Zeit liegen. Aber da er ein echter Dichter ist, muß ihm auch das praktische Ziel seines Singens Lieder schenken, die ihm nicht »Apoll«, aber »David« in den Mund legte.

Die erste Liedersammlung und die ersten Amtsjahre

Wie er zum klassischen Dichter geworden ist? Wie er sich zu der Höhe seiner klassischen Lieder entfaltet hat?

Keine Antwort ist möglich auf alle diese Fragen. Die Lieder sind nicht datiert. Aufzeichnungen über seinen dichterischen Werdegang gibt es nicht. Aber einige Vermutungen dürfen gewagt werden. Der Wittenberger Professor und Pfarrer Paul Röber hatte ein Lied gedichtet: »O Tod, o Tod, schreckliches Bild«. Es verdeutlicht die in jener Zeit öfters gehegte Vorstellung vom Tode als dem grimmen Bogenschützen. So hat auf der Insel Reichenau um den Beginn des 17. Jahrhunderts ein Malermönch auf die Wand der Westapsis des uralten Kirchleins zum Heiligen Georg in Oberzell eine Kopie des Jüngsten Gerichts von Michelangelo gemalt und die beiden unteren Ecken des Gemäldes mit den Bildern des Todes versehen, der mit der Pfeilspitze auf den Hinausgehenden zielt. Und so ist das Lied Röbers ein kraftvolles Singen von der Gewalt des Todes und der Furchtlosigkeit des Glaubens, der mit »des starken Jesus Heldenhand« die Bande des Todes zersprengt. Gerhardt hat dieses Röbersche Gedicht geglättet.

Sollten hier wirklich Anfänge seines Dichtens vorliegen? Tonfall und Sprache haben in der Gerhardtschen Form gewiß etwas von den anderen Liedern aus seinem eigenen dichterischen Schaffen an sich. Aber auf diese »Verwandtschaft« ist nicht viel zu geben. Sie liegt im ganzen Charakter, den das geistliche Lied jener Zeit überhaupt hatte. Irgendeine Spur davon, daß Gerhardts Dichten aus solchen ersten Glättungsversuchen heraus begonnen hat, kann ich nicht finden.

Es erhebt sich die Frage, ob Gerhardt nicht gegen Ende des großen Krieges seine ersten Lieder gedichtet hat? Es gibt eine Reihe von Liedern, die den Jammer der Kriegsnot schildern. Die Nachdichtung des 85. Psalms (*Herr, der du vormals hast dein Land*) enthält die Verse:

Ach, daß ich hören sollt' das Wort
crschallen bald auf Erden,
daß Friede sollt' an allem Ort,
wo Christen wohnen, werden!
Ach, daß uns doch Gott sagte zu
des Krieges Schluß, der Waffen Ruh
und alles Unglücks Ende!

Ach, daß doch diese böse Zeit
bald wiche guten Tagen,
damit wir in dem großen Leid
nicht mögen ganz verzagen!

In dem biblischen Psalm ist von Krieg und Kriegsgeschrei nicht die Rede. Der Dichter hat diese Gedanken eingefügt – sollte man nicht darauf schließen können, daß er aus der Not des großen Krieges heraus seinen schweren Seufzer zu Gott schickte?

Ebenso singt er in dem Lied:

Wie ist so groß und schwer die Last,
die du uns auferleget hast.

Wie oftmals hat bei Tag und Nacht
der Feinde List und große Macht
uns, deine Herd', umringt!

Viel unsrer Brüder sind geplagt,
von Haus und Hof dazu verjagt:
wir aber haben noch
beim Weinstock und beim Feigenbaum
ein jeder seinen Sitz und Raum.

Sieh an, mein Herz, wie Stadt und Land
an vielen Orten ist gewandt
zum tiefen Untergang:

Der Menschen Hütten sind verstört,
die Gotteshäuser umgekehrt.

Aber gerade dieser Hinweis auf den Frieden im eignen Land
will nicht recht zu den geschichtlichen Ereignissen stimmen. Ist
nicht gerade Brandenburg und besonders des Dichters Geburts-
ort Gräfenhainichen und später seine erste Pfarrstelle Mittenwalde furchtbar gebrandschatzt worden? Eher könnte das Neujahrslied *Nun laßt uns gehn und treten* aus den letzten Jahren des
Dreißigjährigen Krieges stammen, mit der erschütternden Schilderung:

> Durch so viel Angst und Plagen,
> durch Zittern und durch Zagen,
> durch Krieg und große Schrecken,
> die alle Welt bedecken.

Aber ob nicht in diesen Versen ebenso gut ein Nachzittern der
ungeheuren Erlebnisse seinen ergreifenden Ausdruck gefunden
hat? Mag dem sein, wie ihm wolle, dieses Lied steht auf der
höchsten Stufe der Gerhardtschen Dichtkunst. Ebenso wie das
jubelnde Lied:

> Gott Lob, nun ist erschollen
> das edle Fried- und Freudenwort,
> daß nunmehr ruhen sollen
> die Spieß und Schwerter und ihr Mord.
> Wohlauf und nimm nun wieder
> dein Saitenspiel hervor,
> o Deutschland, und sing Lieder
> im hohen vollen Chor!

> Sei tausendmal willkommen,
> du teure, werte Friedensgab!
> Jetzt sehn wir, was für Frommen
> dein Bei-uns-wohnen in sich hab'.

In dir hat Gott versenket
all unser Glück und Heil.
Wer sich betrübt und kränket,
der drückt sich selbst den Pfeil
des Herzleids in das Herze
und löscht aus Unverstand
die güldne Freudenkerze
mit seiner eignen Hand.

Es ist durchaus möglich, daß dieses Lied, das die Verwüstung der
Schlösser und Städte, der Felder, die zu dürrer Heide geworden
sind, die Gräber voller Leichen, den Tod von unvergleichlichen
Helden in dunkler Trauer beklagt, 1648 entstanden ist, als der
Kurfürst am 8. November mit allen Glocken in den märkischen
Landen läuten ließ, oder 1650, als die schwedischen Truppen aus
Berlin abgezogen und in St. Nikolai der Propst Lilie die Dankes-
predigt über den 126. Psalm hielt: Wenn der Herr die Gefange-
nen Zions erlösen wird, dann werden wir sein wie die Träumenden! Aber eines ist doch seltsam: daß alle diese Lieder, die am
Anfang des dichterischen Schaffens Gerhardts stehen müßten,
nicht in der ersten Sammlung seiner Lieder zu finden sind.
Freilich: diese Sammlung ist nicht von ihm veranstaltet. Gerhardt hat im Gegensatz zu den damals berühmten Dichtern nie
seine Lieder gesammelt oder herausgegeben. Es mag sein, daß
das eine oder andere Lied als fliegendes Blatt seine Verbreitung
gefunden hat. Aber die erste Veröffentlichung in einem Lieder-
buch ist von einem Musiker vollbracht worden: von dem Kantor
an St. Nikolai zu Berlin, Johann Crüger. Das muß ein feiner und
ernster Mann gewesen sein. Denn seine Melodien kommen aus
seiner Seele, die ein Ohr hatte für die ewigen Harmonien, sagte
er doch, daß die Gesetze der Musik Ordnungen der Schöpfung
seien. Und wenn sie mit ihrer Kraft auf Menschen wirkten, dann
geschehe das zur Ehre Gottes. Auch sein Vater war Gastwirt und
seine Mutter eine Pfarrerstochter. Auch er hatte in Wittenberg
Theologie studiert. Aber er war auch Musiker und Komponist, so
daß ihn der Berliner Magistrat schon 1622 auf die Kantorenstel-

le an der Nikolaikirche berufen hatte, mit der auch eine Lehrtätigkeit am Gymnasium zum Grauen Kloster verbunden war. Dort blieb er bis an sein Lebensende. Gleich seinem poetischen Freunde Paul Gerhardt hat er viel Leid erfahren in seinem Leben: Dem Kinderreichen sind die meisten seiner Kinder gestorben. Und so ist sein Singen seines Glaubens Offenbarung geworden. Ähnlich wie Paul Gerhardt aus dem eigensten Erleben heraus singen mußte, so flossen die Lieder Crügers aus tiefsten Erfahrungen. Die beiden, der Dichter und sein Sänger, gingen die gleichen Wege.

Johann Crüger hat im Jahre 1647 in Berlin ein Gesangbuch herausgegeben. Es hatte den Titel »praxis pietatis melica«. Wir würden etwa dafür sagen: Christliche Erbauung im Liede. Eine große Anzahl von herrlichen Liedern evangelischer Dichter hat er zusammengetragen. Darunter sind 15 von Paul Gerhardt. Es ist etwas Überraschendes, wenn man die Anfangszeilen dieser Lieder liest: »Ein Lämmlein geht und trägt die Schuld«, »O Welt, sieh hier dein Leben«, Auf, auf, mein Herz mit Freuden«, »O du allersüß'te Freude«, »Wach auf, mein Herz und singe«, »Nun ruhen alle Wälder«, »Nun danket all und bringet Ehr'«, »Ich hab' in Gottes Herz und Sinn« – es zeigt uns diese Reihe den Dichter auf seiner vollen Höhe. Die Festlieder zu Passion, Ostern und Pfingsten hat er kaum übertroffen. Höchstens, daß ihm in dem Passionslied »O Haupt voll Blut und Wunden« und in dem Pfingstlied »Zeuch ein zu deinen Toren« ein noch innigerer und vollendeterer Klang geschenkt worden ist.

In dem Lied *Ein Lämmlein geht und trägt die Schuld*, geht der Sang hinab auf die Erde, wo die anbetende Menschheit das Wunder des Kreuzes kaum zu fassen vermag. Wie ist die Herrlichkeit der Gottesliebe in der Hingabe des Gottessohnes besungen worden:

O Wunderlieb! O Liebesmacht!
Du kannst, was nie ein Mensch gedacht,
Gott seinen Sohn abzwingen.
O Liebe, Liebe, du bist stark,

du streckest den in Grab und Sarg,
vor dem die Felsen springen.

Es ist, als ob man das Erdbeben beim Tode des Erlösers miterle-
be, sooft man diese Worte singt – aber über diesem Erdbeben und
der Finsternis, die sich über das ganze Land legt – zugleich die
Glorie des geöffneten Himmels.
Zu diesem Menschheitsdrama gesellt sich die Seligkeit des
Christenmenschen, der weiß, daß dies alles für ihn geschehen
ist:

Ich will von deiner Lieblichkeit
bei Nacht und Tage singen,
mich selbst auch dir nach Möglichkeit
zum Freudenopfer bringen:
Mein Bach des Lebens soll sich dir
und deinem Namen für und für
in Dankbarkeit ergießen;
und was du mir zugut getan,
das will ich stets, so tief ich kann,
in mein Gedächtnis schließen.

Daneben steht das Osterlied. Es ist wie ein Holzschnitt von Albrecht Dürer:

Auf, auf, mein Herz, mit Freuden
nimm wahr, was heut geschicht!
Wie kommt nach großem Leiden
nun ein so großes Licht!
Mein Heiland war gelegt
da, wo man uns hinträgt,
wenn von uns unser Geist
gen Himmel ist gereist.

Und dann die Siegesworte, die an eine überstandene Feld-
schlacht von einst erinnern:

Er war ins Grab gesenket,
der Feind trieb groß Geschrei!
Eh' er's vermeint und denket,
ist Christus wieder frei
und ruft Viktoria,
schwingt fröhlich hier und da
sein Fähnlein als ein Held,
der Feld und Mut behält.

Kein Wunder, daß bei solchem Schauspiel des himmlischen Triumphes das Christenherz in eine Freude ohnegleichen ausbricht:

Die Welt ist mir ein Lachen
mit ihrem großen Zorn,
sie zürnt und kann nichts machen,
all Arbeit ist verlorn.
Die Trübsal trübt mir nicht
mein Herz und Angesicht,
das Unglück ist mein Glück,
die Nacht mein Sonnenblick.

Die ganz persönliche Geborgenheit, ganz gleich, wo es auch hingehen mag, findet die überzeugenden Worte:

Ich hang und bleib auch hangen
an Christo als ein Glied;
wo mein Haupt durch ist gangen,
da nimmt er mich auch mit.
Er reißet durch den Tod,
durch Welt, durch Sünd, durch Not,
er reißet durch die Höll'
ich bin stets sein Gesell.

Der Trautgeselle des alten Volksliedes ist hier wieder erstanden, der Tod und Hölle verlachen kann an Christi Seite und unter seinem Schild. Und das wunderbare Ziel, zu dem der Herr die Seinen führt:

Er bringt mich an die Pforten,
die in den Himmel führt,
daran mit güldnen Worten
der Reim gelesen wird:
Wer dort wird mit verhöhnt,
wird hier auch mit gekrönt;
wer dort mit sterben geht,
wird hier auch mit erhöht.

In dem Pfingstlied *O du allersüß'ste Freude* weisen sich die Schranken des Gerhardtschen Dichtens.

O du allersüß'ste Freude,
o du allerschönstes Licht,
der du in Lieb' und Leide
unbesucht uns lässest nicht,
Geist des Höchsten, höchster Fürst,
der du hältst und halten wirst
unaufhörlich alle Dinge,
höre, höre, was ich singe!

Es gehört zu der Eigenart unserer Gesangbücher, daß die Pfingstlieder ihr schwächster Teil sind. Auch Gerhardt ist es in diesem Lied nicht gegeben gewesen, das Unsichtbare und Unbeschreibliche in Bild und Gleichnis zu bannen. Der Theologe hat über den Dichter gesiegt, und der Volkston ist nicht stark genug geworden, um diesen Mangel auszugleichen.
Dagegen darf von dem Morgenlied *Wach auf, mein Herz, und singe* gesagt werden, daß beides in beinah vollendetem Maße zusammentrifft, was Gerhardts Dichten in das Herz des Christenvolkes hat einziehen heißen: die herzhafte Kindlichkeit und die ungesuchte, echt natürliche Frömmigkeit.

Wach auf, mein Herz, und singe
dem Schöpfer aller Dinge,

dem Geber aller Güter,
dem treuen Menschenhüter.

Hört man nicht die poetische Deutung der gewaltigen Erklärung
Luthers zum 1. Artikel? Schlägt nicht darin schon das Herz der
Christengemeinde aller Zeiten? Und dann kommt eine Strophe,
die mich in meiner Kindheit immer besonders bewegt hat, ohne
daß ich wußte, warum:

Heint[1], als die dunklen Schatten
mich ganz umgeben hatten,
hat Satan mein begehret,
Gott aber hat's gewehret.

Heute weiß ich, worin die dichterische Kraft dieses Verses liegt:
Es ist das tiefe Naturgefühl, das sich mit dem frommen Empfinden eint. Die Schauer der Nacht ziehen auf mit ihrem Grauen des
sternenlosen Dunkels – und darin das Heranpirschen eines un-
heimlichen »Jägers«, des bösen Feindes, der »im Finstern schlei-
chet« – da greift die Gotteshand von oben ein. Die Nachtwolken
müssen vergehen vor dem ruhigen Glanz des Mondes.

Du sprachst: Mein Kind, nun liege
trotz dem, der dich betrüge;
schlaf wohl, laß dir nicht grauen,
du sollst die Sonne schauen.

Jenes tiefe Erlebnis, das eine Dichterin unserer Tage einmal so
geschildert hat: Sooft sie als Kind einschlief, kam der Vater und
legte seine große Hand auf ihr Haupt, und das war etwas wun-
derbar Friedevolles. Sie war geborgen unter dieser großen Hand
– und nie in ihrem Leben konnte sie diese Hand verlieren, die
über ihr ausgestreckt bleibt. Der Behütete, dessen Schlaf eine Er-

1   Heut Nacht

quickung war unter solchem Schutz und Schirm, will dem Treuen ein Opfer bringen:

> Mein Weihrauch und mein Widder
> sind mein Gebet und Lieder.
>
> Die wirst du nicht verschmähen;
> Du kannst ins Herze sehen;
> Denn du weißt, daß zur Gabe
> ich ja nichts Bessers habe.

Die Sprache des demütigen Kindes. Und der Blick auf den kommenden Tag:

> Sprich Ja zu meinen Taten,
> hilf selbst das Beste raten;
> den Anfang, Mitt' und Ende,
> ach Herr, zum Besten wende.
>
> Mich segne, mich behüte,
> mein Herz sei deine Hütte,
> dein Wort sei meine Speise,
> bis ich gen Himmel reise.

Ob es noch ein Lied gibt, das so wie dies zu dem Herzen des kleinen Kindes und zugleich zu dem Wünschen des Gereiften und Besinnlichen spricht? Hier ist wahre Einfalt zugleich echte Kunst geworden.
Das echte Naturgefühl, das in diesem Morgenlied durchbricht, ist dann im Abendlied noch breiter und wuchtiger zu seinem Rechte gekommen.

> Nun ruhen alle Wälder,
> ... ...
> ... ...
> es schläft die ganze Welt!

44

Hans Thoma hat einmal von seinem Enkelkind erzählt, wie es am Abend in seinem Bett vor sich hinträumt in leisem Murmeln: Der Wald schlaft, die Wiese schlaft, der Bach schlaft, die Blumen schlafen ... und er setzt hinzu: wie doch die reine Kinderseele zur großen Dichterin wird!

Der Malerpoet empfand das Wunder der im Dichten träumenden und im Traum dichtenden Menschenseele. Und etwas von diesem Wunder schwebt über dem Abendlied Gerhardts. Das Zurruhegehen, das Ablegen der Kleider, das wohlige Behagen der müden Glieder, die sich ausrecken dürfen, das Schließen der Augenlider unter dem Hauch des niedersinkenden Schlummers werden zu Deutungen menschlicher und göttlicher Lebensgeheimnisse.

Dieses Lied wird wohl durch die Sitte entstanden sein, beim abendlichen Turmblasen den Choral »O Welt, ich muß dich lassen« zu spielen. Diese Melodie wurde 1590 durch den kaiserlichen Kapellmeister Hans Isaac geschaffen als Volkslied »Innsbruck, ich muß dich lassen«. Paul Gerhardt soll sie gehört haben, während er durch die abendlichen Felder ging. Die Töne klangen in ihm nach und er formte zu dieser Melodie sein Abendlied. Hier findet sich die uns allen seit der Jugend vertraute Strophe:

Breit aus die Flügel beide,
o Jesu, meine Freude,
und nimm dein Küchlein ein.
Will Satan mich verschlingen,
so laß die Englein singen:
Dies Kind soll unverletzt sein.

Eines der innigsten Worte Jesu ist in himmlische Musik umgewandelt. Wer kann es singen, ohne an Luther zu denken, dem einst sein Beichtvater Johannes von Staupitz zurief: »Der Heiland ist die Henne, die auch dich mit ihren Küchlein unter ihre Flügel sammeln will«, und der mit diesem Wort die verzweifelte Seele des von tausend Nöten Umgetriebenen stille machte.

Und der Schluß mit seinem Gedenken an die Fernen und Nahen, die dem Einschlafenden lieb sind:

Auch euch, ihr meine Lieben
soll heute nicht betrüben
kein Unfall noch Gefahr.
Gott lass' euch selig schlafen,
stell' euch die güldnen Waffen
ums Bett und seiner Engel Schar.

So stehen in einer Dichtung aus der neueren Zeit die Himmlischen
mit erhobenen Händen um das Lager, auf dem ein armes einsames
Kind liegt, und wandeln sein Einschlafen zur Heimkehr in die
Heimat droben im Licht. Es ist ein geheimes Weben von heiligen
Banden über Jahrhunderte hinweg von Seele zu Seele derer, die
nach dem Frieden verlangen, der höher ist als alle Vernunft.
So möge denn noch jenes freudvolle Lob- und Danklied etwas
von diesem Frieden sagen, der aus der Nähe des segnenden Gottes fließt, das Gerhardt auf Sirach 50, 24 gedichtet hat:

Nun danket all' und bringet Ehr,
ihr Menschen in der Welt,
dem, dessen Lob der Engel Heer
im Himmel stets vermeldt.

Hinunter muß alles, was mich kränkt und quält – Gott ist hier
und mit ihm das freudvolle Wandern auf der Straße, die zu der
Heimat führt:

Er gebe uns ein fröhlich Herz,
erfrische Geist und Sinn
und werf all Angst, Furcht, Sorg und Schmerz
ins Meeres Tiefe hin.

Welch ein freies Atmen in weiter Gotteswelt! Über sich den wei-
ten Himmel, vor sich das ewige Meer – und er: ein Freier und
Getroster! Man muß diese Verse mit den Augen zu schauen versuchen, mit denen sie von dem Dichter einst geschaut worden
sind, dann offenbart sich ihre unverwüstliche Kraft.

Er drücke, wenn das Herze bricht,
uns unsre Augen zu
und zeig' uns drauf sein Angesicht
dort in der ewgen Ruh.

Aus den verschiedenen »Kreuz- und Trostliedern« dieser ersten
Sammlung ist besonders bekanntgeworden:

Ich hab' in Gottes Herz und Sinn
mein Herz und Sinn ergeben,
was böse scheint, ist mir Gewinn,
der Tod selbst ist mein Leben.
Ich bin ein Sohn
des, der den Thron
des Himmels aufgezogen:
ob er gleich schlägt
und Kreuz auflegt,
bleibt doch sein Herz gewogen.

Es ist merkwürdig, wie in diesen ersten Liedern vom Leid ein
trockener lehrhafter Ton vorherrscht. Der Dichter steht auf der
Kanzel und erwägt mit klugen, etwas nüchternen Gedanken, wie
Gottes Wirken voll Weisheit sei. Der Schöpfer, der – wie später
der Rationalismus so gern hervorhob – alles »mit Weisheit und
Verstand« eingerichtet hat, der alles erhält, so daß

was er nicht hält,
das bricht und fällt,
was er erfreut, das lachet,

muß wohl auch wissen, wann Freud und wann Leid seinen Kindern diene. Darum ist es töricht, darüber zu klagen, daß »du nicht
hast, was Fleisch und Blut begehret«! Gott sorgt dafür, daß

was du jetzt nennest Kreuz und Pein,
wird dir zum Trost gedeihen!

Aber nun mit einemmal ist es, als ob sein Herz erwache, und aus all diesen weisen Belehrungen bricht's mit einer hellen Freudigkeit heraus:

> Wart in Geduld
> die Gnad und Huld
> wird sich doch endlich finden.
> All Angst und Qual
> wird auf einmal
> gleichwie ein Dampf verschwinden.

Das sind seine eigenen Erlebnisse, die ihn nicht mehr predigen, sondern singen heißen.

> Ei nun, mein Gott, so fall' ich dir
> getrost in deine Hände:
> nimm mich und mach es du mit mir
> bis an mein letztes Ende,
> wie du wohl weißt,
> daß meinem Geist
> dadurch sein Nutz entstehe
> und deine Ehr
> je mehr und mehr
> sich in ihr selbst erhöhe.

> Willst du mir geben Sonnenschein,
> so nehm ich's an mit Freuden,
> soll's aber Kreuz und Unglück sein,
> will ich's geduldig leiden.

Da, wo des Dichters Seele spricht, wird auch seine Sprache groß und eindringlich. Aus diesem tiefen Grund heraus erwachsen später seine klassischen Trostlieder.

Wo ist aber der Dichter dieser Lieder, von denen wir etliche an uns haben vorüberziehen lassen, zu suchen?

Über seine Tätigkeit in Berlin ist uns nichts überliefert. Wir könnten uns aber denken, daß er wie so mancher der gealterten Kandidaten, die damals ohne Stellung waren, auf den Kanzeln da und dort als Hilfsprediger aushalf. Dazwischen gibt es wissenschaftliche Arbeiten. Als »Informator« dient er den Heranwachsenden.

Bis endlich ein Ruf auf eine Pfarrstelle an ihn kommt. In der nahe – drei Meilen südlich – gelegenen Stadt Mittenwalde war die Stelle des ersten Geistlichen unbesetzt, die Stelle des Propstes, des Präpositus, der über eine Reihe umliegender Dorfgemeinden und ihre Pfarrer gesetzt war und in Mittenwalde an der Kirche St. Moritz als Pfarrer zu wirken hatte. Die Mittenwalder suchten eine besonders tüchtige Persönlichkeit. Darum wandten sie sich an das Geistliche Ministerium nach Berlin. Man möge ihnen einen Geistlichen vorschlagen, der ihre verwaiste Gemeinde als ein redlicher Hirte zu weiden imstande sei. In diesem Ministerium saß Magister Fromm, zu dessen Hochzeit einst Gerhardt gedichtet hatte, der Schwiegersohn des Kammergerichtsadvokaten Berthold, in dessen Hause Gerhardt aus und ein ging. Kein Wunder, daß die gelehrten und wohlehrwürdigen Herren ihr Augenmerk sogleich auf den Kandidatus Paulus Gerhardus richteten, dessen carmina durch Johann Crügers Gesangbuch vielen in Berlin Trost, Friede und Freude gebracht hatten. Sie schrieben nach Mittenwalde: »Wir sind hierüber einmütig zu Rat gegangen, wiewohl wider sein Wissen, welches wir daher auch für den aufrichtigsten Dienst halten, den Ehrenfesten Vorachtbaren und Wohlgelahrten Herrn Paulum Gerhardt, sanctae sacrae theologiae candidatum, welcher sich bei uns allhier in des Churf. Brandenburgischen Kammergerichts-Advocati, Herrn Andreas Bertholds Hause befindet, bestermaßen unseren Herren zu solchem Amte anzutragen, in der Versicherung, daß wir in diesem wohlgemeinten Vorschlag Ihrer Christlichen Gemeinde eine solche Person vorhalten, deren Fleiß bekannt, die eines guten Geistes und ungefälschter Lehren, dabei auch eines ehr- und friedliebenden Gemütes und christlich undtadelhaften Lebens ist, daher auch er bei Hohen und Niedrigen unseres Ortes lieb und wert gehalten und von uns all Zeit das Zeugnis erhalten wird, daß er auf unser freundliches Ansinnen zu vielen Malen mit seinen von Gott empfangenen Gaben um unsere Kirche sich beliebt und wohl verdient gemacht hat!«

Das Schreiben ist ein Empfehlungsschreiben, weshalb das Lob allein das Wort hat. Gleichwohl schaut aus diesem Schreiben etwas von dem Charakter des Empfohlenen heraus. Die gelehrten Herren haben ihm nichts davon gesagt, daß sie ihn vorschlagen. Sie wissen, daß er in seiner Bescheidenheit wohl abgewehrt hätte. Sie rühmen einen fleißigen und wissenschaftlich auf der Höhe stehenden Theologen und wissen davon zu sagen, daß er auf Luthers Lehre unerschütterlich steht. Sie heben hervor, daß er eines friedliebenden Geistes ist und sich eines untadelhaften Wandels befleißigt. Man sieht ihn in klaren Umrissen: den Mann von Charakter und Haltung, vornehm in seiner Gesinnung, zu seiner Überzeugung stehend, still und schlicht, seines Weges gehend in Verantwortung für jeden Schritt und jedes Wort. Ein ganzer Mann.

Die Mittenwalder wählten ihn zu ihrem Propst: Nach solchem Zeugnis durften sie in ihm den Mann erwarten, den sie suchten. Nun mußte Gerhardt eine Amtsprüfung bestehen. Die Pröpste von Berlin und Cölln (das damals noch von Berlin getrennt war) bestellten den Kandidaten in die Bibliothek von St. Nikolai in Berlin; sie haben ihn wohl nicht allzu hart »angefochten«, denn sie kannten ihn zur Genüge. Nur eines wurde von ihm verlangt: Unbedingtes, nie wankendes Bekenntnis zu den Symbolen der lutherischen Kirche. Da lag ein Schriftstück vor ihm, dessen Unterschrift von ihm gefordert wurde:

»Die Lehre des Evangeliums, wie sie in dem Augsburgischen Bekenntnis in dessen erster und unveränderter Form, ebenso in der Apologia, in den articulis Smalcaldicis, in den beiden Katechismen Luthers, endlich in der Konkordienformel enthalten ist und auf den geoffenbarten und zuverlässigen Grundlagen der prophetischen und apostolischen Heiligen Schrift beruht, ist mein Bekenntnis. Ich werde, so Gott Gnade gibt, in diesem Bekenntnis bis an mein Lebensende beständig verharren. Das bekenne ich und verspreche ich!«

Als Gerhardt die Feder in die Hand nahm und mit festem Strich seinen Namen unter das Gelöbnis setzte »am Tage meiner Ordination, den 18. November 1651«, tat er es mit Freuden. Und mit dem unbedingten Willen, davon nicht abzulassen und koste es Kopf und Kragen. Diese Stunde mit ihrem heiligen Ernst hat dem Mann in seinen späteren Kämpfen die unerschütterliche Standhaftigkeit gegeben, um derentwillen wir ihn heute noch mit Ehrfurcht betrachten. Es war die Stunde eines Eides, den er nie zu brechen entschlossen war. Er hielt daran, als viele andere wankten.

So zog er denn nach Mittenwalde. Noch heute liegt dort das Kirchenbuch, in das der neue Pfarrer im Januar 1652 seine erste Eintragung gemacht hat. In schöner kräftiger Schrift! »Im Namen der heiligen Dreieinigkeit unter meiner Amtsführung. Paulus Gerhardt, Propst zu Mittemwalde, im Jahr des Heils 1652!« Man spürt ordentlich die Freude und den Stolz des fünfundvierzigjährigen Mannes, daß er endlich auf seinem Posten steht.

Ein schweres Amt! Das arme Städtchen hatte Unsägliches erlitten in dem großen Krieg. Seine hohen Mauern, die mit doppelten Gräben umzogen waren, und seine beiden Tortürme hatten den Ansturm der schwedischen und kaiserlichen Truppen nicht wehren können. 1637 hatten die Schweden die Stadt ausgeplündert, die Einwohner mißhandelt, die paar Kirchenheiligtümer davongeschleppt – und ein paar Tage später waren die Kaiserlichen gekommen, um das wenige, das den Überlebenden noch geblieben war, vollends zu nehmen. Der Vers:

Der Schwed ist kommen,
hat alles mitg'nommen,
hat Fenster zerschlagen,
hat's Blei davongetragen,
hat Kugeln draus gossen
und d' Bauern verschossen!

war für die jammervolle Stadt zu einer schauerlichen Wahrheit geworden. Gegen Kriegsende waren von rund tausend Bauern im Umkreis der Stadt nur noch etwa zweihundertfünfzig übriggeblieben. Und sooft Gerhardt in seine stattliche Hallenkirche zum Heiligen Moritz ging und die Stufen zum Altar hinaufschritt, stand das Bild eines seiner Vorgänger vor ihm, des Propst Gallus Luther, der das »Heiligtum vor den Hunden hatte schützen« wollen und unter dem Pistolenschuß eines beutegierigen schwedischen Soldaten zusammengesunken war. Welch eine Predigt für einen wahren Hirten der Gemeinde, sooft sein Fuß auf die Stelle trat, wo das Blut eines dieser Hirten geflossen war, der nicht floh, sondern sein Leben für die Schafe ließ. Die Blutzeiten waren vorüber – aber die Hungerzeiten waren gekommen. Langsam erholte sich das Land von den ungeheuren Leiden, die es hatte erdulden müssen. Aber noch fehlte es an Bauern, die die Felder in Pflege nehmen konnten, und an Vieh, das den Pflug durch die festgestampfte Scholle zog, an Häusern, die aus festem Bau aufgerichtet waren, an Scheunen und Stallungen. Der Bettler schlich in seinen Lumpen durch dürre Heiden und streckte seine Hand aus nach einer kargen Gabe.

Da war es schwer Pfarrer zu sein! Schon rein äußerlich betrachtet! Wie sollten die verarmten Bauern, Handwerker und Tagelöhner das geringe Einkommen aufbringen, dessen der Pfarrer zum Leben bedurfte? Bargeld hatte ein Pfarrer wenig. Er war auf den Zehnten angewiesen. Holz, Frucht, Wein, der »Blutzehnte« – das zehnte Junge aus dem Stall – daraus bestanden die Einkünfte des Pfarrers. Er hatte dann noch seine Pfarräcker und Pfarrwiesen, die er meist selbst bewirtschaftete. Aber wie sollen die Bauern den Zehnten liefern, wenn sie selbst kaum Brot hatten für ihre Kinder? Wie sollte das verwüstete Land in neue Kultur gebracht werden, solange es den Bauern an Ochsen fehlte, um das eigene Land zu pflegen, geschweige denn, daß sie dem Pfarrer »Hand- und Spanndienste« tun konnten? Jene Pfarrer nach dem großen Kriege haben das bittere Leid ihrer Gemeinden am eigenen Leib zu spüren bekommen und redlich mitgetragen, was die ihnen anbefohlenen Seelen zu tragen hatten.

Aber was noch schlimmer gewesen ist, war die furchtbare Verwilderung, die überall eingerissen war. Der Krieg hatte die Gemüter verroht. Der Trotz und die Leidenschaft waren an die Stelle der alten Gottesfurcht und der geheiligten Sitte getreten. Während des Dreißigjährigen Krieges berichtet ein Sittenschilderer: »Öfters hat man Komödianten auch wohl in den Kirchen, Fechtmeister, Springer, Seiltänzer, Tanzmeister, Bären, Affen und ander ungewöhnlicher wilden Tiere Leiter und Führer auftreten und durch dieselbigen dem Volk ein Spektakel und Kurzweil machen lassen, welchem auch der Magistrat und die Geistlichen selbst mit sonderbarer Ergötzlichkeit beigewohnt, und das sind solche Aktiones, welche man an Sonn- und Feiertagen hat vornehmen und verrichten müssen!« Die Kirche zum Zirkus und zur Menagerie verwandelt – wie mag in solcher Welt die Seele des Volkes ausgesehen haben?

Und doch sagt man nicht zu Unrecht, daß in diesen Zeiten die Pfarrer ihren Gemeinden aus »Lehr- und Zuchtmeistern« zu »Seelsorgern und Tröstern« geworden seien! Denn wie mag es um einen lebendigen Glauben ausgesehen haben in solcher wilden und rauhen Zeit? Wie mögen in den redlichen und wahrhaft frommen Gemütern die Fragen der Angst und der Unruhe aufgestiegen sein! Erst wer sich einmal in solche Not der Heimgesuchten hinein zu leben weiß, begreift, warum die »Kreuz- und Trostlieder« den breitesten Raum auch in Gerhardts Dichten einnehmen. Da lag die Not. Da schrien die Geängstigten. Da war der Bittruf, daß Gott seinen Himmel öffne und sich wieder herabneige zu seinem Volk.

Der Propst von Mittenwalde begann seine Arbeit. An seiner Kanzel standen Verse, die mahnten, die Predigt nicht zu verachten, sie sei wohl eines armseligen Menschen Rede, aber doch ein mächtiges Herrenwort. Mit Ernst wurde darauf gehalten, daß neben der Predigt die Beichte gewissenhaft gehört werde. Vor allem, um das »junge rohe Volk zu verhören und zu unterrichten in der christlichen Lehre«! So hat denn auch Gerhardt in seinem Beichtstuhl gesessen und sich von seinen Beichtkindern allen Jammer sagen lassen, unter dem sie schier zerbrachen, und hat ihnen mit dem fröhlichen Gotteskinderglauben zurechthelfen können, daß sie es wieder wagten, ihre Wege tapfer zu gehen als Wege, auf die sie die göttliche Treue führte.

Wie er wohl gepredigt hat? Es ist schade, daß uns keine einzige Predigtniederschrift erhalten ist. Aber etliche Reden zu Beerdigungen sind aus jenen »Nachrufen« geblieben, die das 17. Jahrhundert den Gestorbenen im Druck gewidmet hat. In solchen Reden erweist er sich als der erfahrene Kenner des Lebens und des Menschenherzens, der freundliche Tröster und glaubensstarke Helfer. In ruhiger, etwas breiter Ausführung spricht er für Leute, die noch Zeit hatten, zu hören, und vor allem die innere Aufgeschlossenheit zum Hören mitgebracht haben. Er war ein Prediger, der dem Einfachsten ans Herz zu kommen wußte und gerade darum auch den Gebildeten das Licht leuchten zu lassen vermochte, das keine Geistesbildung ersetzen kann. Seine Schilderungen aus dem täglichen Leben, die Darstellung der Redeweise von jung und alt zeigen den Mann, der lange genug unter Menschen geweilt hat, um zu wissen, wo sie der Schuh drückt! Aus dieser Welt sind viele seiner Lieder, die uns Heutigen vielleicht etwas alltäglich in ihrem Ton erscheinen, besser zu verstehen, als wenn man lediglich den Maßstab des künstlerischen Schaffens an sie anlegt.

Es mag wohl an den großen Schwierigkeiten und den unsicheren Verhältnissen des ersten Einlebens in das neue Pfarramt gelegen haben, daß Gerhardt drei Jahre lang unvermählt in Mittenwalde lebte. Aber schließlich wurde ihm geschenkt, wonach sein Herz gewiß seit langen Jahren verlangt hatte. In dem Hause des Kammergerichtsadvokaten Berthold lebte die jüngste Tochter Anna Maria, noch unvermählt. Ob jenes carmen, das er einst ihrer Schwester dichtete, nicht schon mit verschwiegenem Liebesgedenken um sie geworben hat? Er hatte seither die Stille und Fromme oft genug schauen dürfen. Sie war ihm teuer und wert geworden, vor allem, als er sah, wie sie eine dienende Martha gewesen ist, ohne daß Mariens Glut ihr gefehlt hatte. Ihre Mutter war in langem Siechtum dahingewelkt. Fünf lange Jahre hindurch verließ sie das Leidenslager nicht. Da hat die Tochter die Mutter selbst gepflegt. Neben dem Bette der Mutter bereitete sie sich ein schlichtes Ruhebettlein, um jeden Hilferuf zur Nacht zu hören. Eine im Leid Gereifte und Erprobte, die durch die beste

Schule gegangen war, um ihrem Mann und seiner Gemeinde zu dienen als treuste Gehilfin in Herz und Amt.

Nach der damaligen Sitte warb er nicht selbst um sie, sondern ließ durch einen Freund bei ihrem Vater um sie werben. Am 11. Februar 1655 wurde er in dem Bertholdschen Hause durch Propst Vehr getraut. Er war 48 Jahre alt, sie 32. Ein Stück von der Tragik, die über den »Studierten« jener schweren Zeit lag, daß sie ihr Hauswesen erst gründen konnten, wenn der Scheitelpunkt des Lebens längst überschritten war.

Ob nicht jetzt die Verse seiner »Oda« (*Der aller Herz und Willen lenkt*), die er dem Schwager Fromm gedichtet hatte, in neuer Schönheit vor ihm aufblühten?

Die Bäumlein, die man fort gesetzt
in wohlbestellten Garten,
die pfleget man zuerst und letzt
vor allen wohl zu warten.
Ihr Bäumlein Gottes, freuet euch,
der Gärtner ist von Liebe reich,
der sich euch heut erwählet.

Was er gepflanzt mit seiner Hand,
hält er in großen Ehren.
Sein Sinn und Aug' ist stets gewandt,
dasselbe zu vermehren,
kommt oft und sieht aus reiner Treu,
was seines Gartens Zustand sei,
was seine Reislein machen.

Und wenn denn unterweilen will
ein raues Lüftlein wehen,
ist er bald da, setzt Maß und Ziel,
läßt's eilends übergehen.
Wenn er betrübt, ist gut gemeint,
er stellt sich hart und ist doch Freund
voll süßer Huld und Gnade.

O selig, der, wenn's Gott gefällt,
ein Wölklein einzuführen,
ein treues, fröhlich Herz behält,
läßt keinen Unmut spüren.
Ein Wölklein geht ja bald vorbei;
es währt ein Stündlein oder zwei,
so kommt die Sonne wieder.

So gehet nun mit Freuden ein
zu eurem Stand und Orden:
der Weg wird ohne Schaden sein,
der euch gezeiget worden.
Es geht ein Englein vornen an,
und wo es geht, bestreut's die Bahn
mit Rosen und Violen.

So hatte er einst über ein glückliches Paar gesungen und über die Pforte ihre neuen Hauses ein Blumengewinde gebunden. Jetzt mußte dies Lied in seiner eigenen Seele klingen. Wer einen Blick tun dürfte in jene Tage! Sie haben, wie überall es geht, nicht bloß von Rosen und Violen zu sagen gewusst, sondern von »rauen Lüftchen« und von manchem Wölklein. Eine alte Geschichte berichtet von schweren Sorgentagen, in denen nicht einmal mehr ein Stäublein Mehl im Kasten und keine Rinde Brot mehr im Schrank gewesen sei. Da sei die Pröpstin mit Bangen zu ihrem Gatten gekommen: »Gib mir nur einen Groschen, daß ich das Allernötigste kaufen kann. Sonst kann ich dir heute nicht einmal den Tisch zu Mittag decken!« Aber nicht ein Kreuzer fand sich. Der Treue tröstete: »Ich will dir eine Speise besorgen, die nicht vergeht.« Setzte sich in sein Gartenhaus und schrieb das Lied *Befiehl du deine Wege*. Hernach, als er ihr's las, mußten alle Tränen versiegen. Ein Bild, das uns erzählte vom Kreuz und vom Segen des Kreuzes, von Sorgen und von starken Schultern, die zu tragen wissen, von dunklen Tälern und von dem guten Hirten, dessen Stab und Stecken zu trösten weiß.

Schnell genug ist ein schwerer Schatten über das junge Glück gefallen. Anna Maria wurde an ihrem eigenen Geburtstag, dem 19. Mai 1656, ein Töchterlein geschenkt. Aber es ist den Eltern nicht lange geblieben. Ein halbes Jahr später, am 28. Januar 1657, ist das Kind in der Kirche zu Mittenwalde begraben worden. Noch heute hängt eine Tafel in der Kirche zum Heiligen Mauritius in Mittenwalde, auf der in einem Kranze von vier vergoldeten Engelsköpfchen die Inschrift steht:

Maria Elisabeth, Pauli Gerhardts damaligen Propstes allhier zu Mittenwalde und Annae Mariae Bertholdin erstgeborenes herzliebes Töchterlein, so zur Welt gekommen den 19. Mai āo 1656 und wieder abgeschieden d. 14. Januarii āo 1657, hat allhier ihr Ruhebettlein und dieses Täflein zum Gedächtnis von ihren lieben Eltern. genes. 47, v. 9. Wenig und böse ist die Zeit meines Lebens.

Als Gerhardt einige Zeit später »auf das frühzeitige, aber dennoch selige Abscheiden des Jungfräuleins Elisabeth Heinzelmann« einen Nachruf dichtete (*Leid ist mir's in meinem Herzen*), hat er einen Vers hineingeschrieben, in dem das Gedächtnis des eigenen Leidens durchbricht:

Ach, es ist ein bittres Leiden
und ein rechter Myrrhentrank,
sich von seinen Kindern scheiden
durch den schweren Todesgang.
Hier geschieht ein Herzensbrechen,
das kein Mund recht kann aussprechen.

Oh, die vielen Kindergräber des Mittelalters! Welche Summe von Herzeleid schließen sie ein. War doch keine Familie in jener Zeit, die nicht mehr als einmal den Gang zu einem Kindergrab hat tun müssen. Wer die blutige Schrift lesen müsste, die in Tausenden von Mutterherzen eingeritzt war, dem käme der Menschheit ganzer Jammer über die Seele.

Damals mag Paul Gerhardts Glaubenskraft die niedergebeugte Gattin aufgerichtet haben:

... das, was wir beweinen,
weiß hievon ganz lauter nichts,
sondern sieht die Sonne scheinen
und den Glanz des ewigen Lichts,
singt und springt und hört die Scharen,
die hier seine Wächter waren.

Als Pfarrer und Dichter in Berlin

Sechs Jahre wirkte Paul Gerhardt in Mittenwalde. Da kam ein Ruf nach Berlin.

An der Nikolaikirche, der Hauptkirche von Berlin, hatte es allerhand Wechsel gegeben. Der alte Propst M. Petrus Vehr, der bei Gerhardts erstem Töchterlein Pate gestanden hatte, war in seinem 70. Lebensjahr heimgerufen worden. Um seine Nachfolge gab es Streit. Gerhardts Schwager, M. Joachim Fromm, war Archidiakonus (Oberpfarrer) und hätte dem Brauch zufolge der Nachfolger in der Würde des Propstes werden sollen. Aber unter den drei Diakonen (Pfarrern) war einer, der sich besonderer Fürsorge der Kurfürstin Luise Henriette erfreute. Er war Offizierssohn, und die Kurfürstin hatte ihm geholfen, daß er studieren konnte. Er hieß M. Georg Lilie. Ein Tapferer und Erprobter war er. Hatte er doch im großen Krieg unter den drohend geschwungenen Säbeln der Kroaten nicht gezittert. Und als üble Marodeure ihn ausplünderten, trug er die Not mit standhafter Seele. Kein Wunder, daß aus seiner Predigt ein heller fröhlicher Mut sprach. Schon kurz nach dem Tod von Propst Vehr ließ der Kurfürst den Magistrat wissen, daß er gern den M. Lilie als künftigen Propst sähe. Und wenn auch einige aus der Bürgerschaft anderer Meinung waren und sich gegen den Kurfürsten auf die Seite von M. Fromm stellten – schließlich war doch der Wunsch eines Fürsten nicht bloß damals Befehl! Lilie wurde Propst. Fromm blieb Archidiakonus. Das hat das Gemüt von M. Fromm tiefer geschmerzt, als er es nach außen hin merken ließ. Ohnehin war er durch viele Predigtarbeit überfordert gewesen. Vierzehn Tage nach der feierlichen Einführung Lilies in die Propstei starb er, am 28. April 1657. »Ein Pastor muß stehend sterben!« hatte er einmal gesagt. Er starb wirklich »stehend«.

So mußten denn die Berliner einen neuen Diakonus haben, und es ist ein Zeichen für die Eintracht, die trotz der unerwünschten Streitereien um den Nachfolger in der Propstwürde im Geistlichen

Ministerium zu Berlin waltete, daß sie nun den Schwager des so jäh aus dem Leben geschiedenen M. Fromm wählten. Der Rat der Stadt als Patron der Nikolaikirche ernannte Paul Gerhardt zum zweiten Diakonus an der Kirche. Als dritter wurde M. Johannes Heinzelmann gewählt, der bisher Rektor am Gymnasium zum Grauen Kloster gewesen war. Auf dessen früh verstorbenes Töchterlein hat Gerhardt, wie wir schon hörten, das ergreifende Trauercarmen gedichtet, aus dem sein eigenes Weh nachzittert.

Der Ratsherr Martin Richter überbrachte Gerhardt das Berufungsschreiben. Es scheint dem Gewählten nicht leicht geworden zu sein, diesem Rufe zu folgen. Eine Woche lang ließ er sich Zeit zur Besinnung. Ob ihm der Gedanke zu schaffen machte, daß er seiner Gemeinde Mittenwalde noch längere Jahre seinen Dienst schulde? Aber schließlich war bei ihm wie bei allen großen Wendepunkten nur die eine Frage maßgebend: »Ist es Gottes Wille? Dann muß ich gehen!« Er schrieb an den Rat am 4. Juni 1657: »Nach fleißiger Anrufung Gottes und reiflicher Erwägung der einhellig auf mich gefallenen Stimmen sehe ich, daß der liebe Gott in diesem Werk seine besondere Schickung und Regierung hat!« Er wolle diesem großen und allgewaltigen Herrn nicht widerstreben, er folge der Berufung in der »christlichen Hoffnung und Zuversicht, daß fromme Herzen mit ihrem emsigen Gebete mir zu Hilfe kommen und daß durch solch ein geringes Werkzeug, wie ich mich erkenne, Gottes heilige Gemeinde wohlgebauet werde!«

Daß der Magistrat und das Geistliche Ministerium bei dieser Wahl auch der verwaisten Familie Fromms gedacht haben, ist wahrscheinlich. Obwohl vor allen anderen Erwägungen doch gestanden haben muß, mit welcher Treue sich Gerhardt in Mittenwalde bewährt hat. Und der Klang seiner Dichtung war schon weithin erschollen. Man wußte, daß man in Gerhardt einen Mann berief, der »seinen Mann stellen werde« in Zeiten der friedlichen Gemeindearbeit so gut wie in Zeiten harter Kämpfe, die man damals vielleicht schon vorausahnte.

Die Stadt Berlin war im Aufblühen begriffen. Der Kurfürst Friedrich Wilhelm sorgte mit seiner ungewöhnlichen Tatkraft, daß die hässlichen Spuren des großen Krieges getilgt wurden. Die lange Brücke war schön erneuert, der Schloßplatz gepflastert, neben den alten Fachwerkbauten, die mit Stroh oder Schindeln gedeckt waren, erhoben sich neue Häuser, die mit edlem Geschmack ausgestattet waren. Weinstöcke und Obstbäume wurden vor den Häusern gepflanzt und als Spaliere an den Wänden hinaufgezogen. Ein Lustgarten wies den leuchtenden Schmuck von in Berlin noch nie gesehenen Tulipanen und wurde mit Hecken aus Kirschen- und Mandelbäumen umgeben. Die Zahl der Einwohner, die nach Beendigung des großen Krieges auf schätzungsweise sechstausend herabgesunken war, hob sich zusehends. Man spürte das Wehen einer neuen Zeit, die den Stempel des weitschauenden Geistes des großen Fürsten trug.

Die Nikolaikirche, an der Gerhardt von nun an wirkte, ist die älteste Kirche Berlins, einst den Heiligen Nikolaus, Martin und Katharina geweiht. 1944 wurde sie ausgebombt, es stehen von ihr nur noch die Umfassungsmauern und lassen die Schönheit der spätgotischen, dreischiffigen Hallenkirche ahnen. Sie war reich an Grabkapellen, Gedenksteinen und Wappenschildern alter Berliner Geschlechter. Gerhardt wohnte in einem Diakonatshaus in der Stralauer Straße. Seine Einkünfte waren so, daß er von wirtschaftlichen Sorgen befreit war. Eigenartig ist eine Tätigkeit, von der Paul Gerhardt berichtet. Er hatte diejenigen, die zum erstenmal zur Beichte kamen, über ihre Kenntnisse in der christlichen Heilslehre zu prüfen. Es gab damals noch keinerlei kirchlichen Jugendunterricht. Dafür sollten Katechisationsgottesdienste eintreten, die während der Woche abgehalten wurden. Aber diese Gottesdienste scheinen nicht mehr besucht worden zu sein. Darum hatten die Geistlichen alle Beichtkinder, die zum erstenmal zu ihnen zur Beichte kamen, abzuhören, wieviel sie im Katechismus Bescheid wußten. Die Reformierten hatten den lutherischen Geistlichen zum Vorwurf gemacht, daß sie es damit recht leicht nähmen. Und so schrieb Gerhardt in einem »offenen Brief« – wie wir heute sagen würden – die Antwort: »Wir wissen gottlob viele unter uns, die sich vorher, ehe sie zum erstenmal zur Beichte kommen, in unseren Häusern einfinden, und einerlei, ob sie hohen, mittleren oder niedrigen Standes sind, sich von uns aus dem Catechismo wohl examinieren lassen«. Manch ein Lied, das Paul Gerhardt über »die christlichen Tugenden« verfaßt hat und das uns heute recht hölzern vorkommt, mag aus solchen seelsorgerlichen Aussprachen heraus entstanden sein. Seine Dichtung hat in den Jahren der Mittenwalder Arbeit und in den ersten Berliner friedlichen Amtszeiten ihre Blüte erlebt. Die bekannten Lieder, die er gedichtet hat, scheinen in diesen Jahren entstanden zu sein. Wenigstens sind sie in dieser Zeitspanne in der Crügerschen »Praxis« erschienen. Dies »Erbauungsbuch im Lied« hat einen großen Erfolg gehabt. Im Jahre 1653, also sechs Jahre nach seinem ersten Erscheinen, konnte es in fünfter Auflage herauskommen! Es trug einen recht umständlichen Titel: »Praxis pietatis melica, das ist Übung der Gottseligkeit in christlichen und trostreichen Gesängen ... über vorige Edition mit gar vielen schönen neuen Gesängen vermehret: auch zu Beförderung des so wohl Kirchen- als Privatgottesdienstes verfertiget von Johann Crügern Editio V. Gedruckt zu Berlin und verleget von Christoff Runge Anno 1653.« Nun standen 81 Lieder Paul Gerhardts drin. Dieses Gesangbuch wird unlöslich mit dem Namen Crügers verbunden bleiben. Es wurde das am meisten aufgelegte Gesangbuch. In ihm hat Crüger 122 Choralmelodien aufgenommen, die er geschaffen hatte, darunter 21 auf Gerhardts Texte, von denen 18 heute noch gesungen werden. Kein anderer Melodienschöpfer ist auch heute noch so oft in unserem Gesangbuch vertreten wie er. Crüger hat sein Buch dem Kurfürsten und seiner Gemahlin gewidmet und in seinem Vorwort besonders darauf hingewiesen, daß er die gesammelten Lieder mit den schon in den früheren Auflagen vorhandenen »auserlesenen trostreichen Gesängen«, aber auch »gar vielen neuen, meistenteils von mir aufgesetzten Melodien und dazu gehörigem Basso, zum nützlichen Gebrauch und Übung der Gottseligkeit verbessert und vermehrt« habe. Wie sehr sein Buch eingeschlagen hat, beweist, daß die Kurfürstin, die als Enkelin des Hugenottenführers Coligny dem calvinistischen Bekenntnis anhing, ebenfalls ein Gesangbuch zu verfassen befahl, das der reformierten Gemeinde dienen sollte. Sie hat einige eigene, aber nicht weniger als 37 Lieder von Gerhardt darin aufgenommen. Die tiefinnerlich fromme Frau, allem Gezänk von Herzen abhold, hat damit versucht, eine Brücke zwischen den beiden Kirchen zu schlagen. Jedoch – diese Brücke trug nicht!

Einige Lieder aus der 5. Ausgabe der Praxis melica müssen in der Zeit des ersten Berliner Aufenthaltes oder in Mittenwalde entstanden sein:

Der Festliederkreis wird erweitert. Zu Advent kommt das Lied, das neben dem gewaltigen »Macht hoch die Tür, die Tor' macht weit« von Georg Weißel das bedeutendste Adventslied der evangelischen Kirche geworden ist: *Wie soll ich dich empfangen?* Das ist die besondere Kraft und Schönheit dieses Liedes: Die Palmen Zions wehen, die Welt, die nach dem Frieden Gottes verlangt, strömt auf den breiten Straßen zusammen. Wie soll die stille fromme Seele den Herrn der Welt grüßen? Der Dichter geht wie einer, der durch das Dunkel wandelt und nach mittelalterlicher Sitte seinen Fackelträger neben sich haben muß. So möchte er von dem Einziehenden selbst den Fackelträger gesandt bekommen, damit er ihm offene Augen verleihe in das Geheimnis, das den König umwittert. Vor ihm liegt die Welt der Not und der Sünde. Aber die Kerkertüren springen auf! Der Befreier ist erschienen:

> Ich lag in schweren Banden,
> du kommst und machst mich los.
> Ich stand in Spott und Schanden,
> du kommst und machst mich groß
> und hebst mich hoch zu Ehren
> und schenkst mir großes Gut,
> das sich nicht läßt verzehren,
> wie irdisch Reichtum tut.

Und auf der Erde beginnt ein großes Aufatmen. Die Befreiten gehen durch alle Gassen, in denen der Kummer noch wohnt, und rufen die Freudenkunde in die Häuser der Sorgenvollen:

Das schreib dir in dein Herze,
du hochbetrübtes Heer,
bei denen Gram und Schmerze
sich häuft je mehr und mehr.
Seid unverzagt, ihr habet
die Hilfe vor der Tür:
der eure Herzen labet
und tröstet, steht allhier.

Die erschrockenen Sünder dürfen die Augen wieder aufheben:

Er kommt, er kommt den Sündern
zum Trost und wahren Heil,
schafft, daß bei Gottes Kindern
verbleib ihr Erb' und Teil!

Aber denen, die ihn verfolgen und von sich stoßen, droht die Vernichtung:

Er kommt, er kommt, ein König,
dem wahrlich alle Feind
auf Erden viel zu wenig
zum Widerstande seind.

Über dem Riesenbild von der Scheidung der Geister am Ende der Weltgeschichte leuchtet noch einmal die Seligkeit der Frommen auf::

Ach komm, ach komm, o Sonne,
und hol uns allzumal
zum ew'gen Licht und Wonne
in deinen Freudensaal.

Mit besonderem Reichtum an Liedern ist das Weihnachtsfest bedacht. Da tönt vor allem:

Fröhlich soll mein Herze springen
dieser Zeit,
da vor Freud'
alle Engel singen.
Hört, hört, wie mit vollen Chören
alle Luft
laute ruft:
Christus ist geboren!

Zu der Krippe geht mit den Hirten und Weisen auch der Dichter,
vor dem Bethlehem zur beglückenden Gegenwart geworden ist.
Man glaubt ein Bild Correggios zu sehen von dem Kind, von
dem alles Licht in die Dämmerung hinausstrahlt. Lieblich und
mächtig zugleich. Das Kind und der Erlöser in einem!

Nun, er liegt in seiner Krippen,
ruft zu sich
mich und dich,
spricht mit süßen Lippen:
lasset fahr'n, o liebe Brüder,
was euch quält,
was euch fehlt,
ich bring' alles wieder.

Unvergeßlich dies Wort aus dem Mund eines Schwerkranken,
den ich an einem Weihnachtsabend besuchte.
Und dann die Pilgerfahrt der Unzähligen:

Ei, so kommt und laßt uns laufen,
stellt euch ein,
groß und klein,
eilt mit großen Haufen.
Liebt den, der vor Liebe brennet!
Schaut den Stern,
der euch gern
Licht und Labsal gönnet.

Wie im Adventslied mündet auch dies Weihnachtslied aus den unendlichen Himmelsweiten in den kleinen Bezirk ein, in dem das fromme Gemüt sich seines Heilands tröstet. Hat sich im Anfang der Himmel geöffnet über der bangenden Welt, so sieht am Schluß der Erlöste die Himmelsbahn, die der Erlöser ihm gebrochen hat:

> Ich will dich mit Fleiß bewahren,
> ich will dir
> leben hier,
> dir will ich abfahren.
> Mit dir will ich endlich schweben
> voller Freud
> ohne Zeit
> dort im andern Leben.

Neben dem Gemeindelied, »Wir singen dir, Immanuel«, das die Christenheit an der Krippe in jubelndem Dank ihr Halleluja singen läßt, steht das rechte Weihnachtskinderlied:

> Ich steh' an deiner Krippen hier,
> o Jesu, du mein Leben.
> Ich komme, bring' und schenke dir,
> was du mir hast gegeben.
> Nimm hin, es ist mein Geist und Sinn,
> Herz, Seel und Mut, nimm alles hin
> und lass' dir's wohlgefallen.

Es ist das innigste Lied, das Gerhardt gedichtet hat. Darin ist seine Seele ganz und gar zum Kind geworden. Manchmal will einen die Malerei von dem Kind, das vor dem Kind in der Krippe kniet, spielerisch dünken. Aber es liegen hier Empfindungen vor, die aus dem Mittelalter stammen, als die Frommen in seligem Entzücken sich an die Krippe träumten und nichts anderes mehr begehrten, als vor dem »Kinde aller Kinder« selber zum Kinde werden zu dürfen.

Wo nehm' ich Weisheit und Verstand,
mit Lobe zu erhöhen
die Äuglein, die so unverwandt
nach mir gerichtet stehen?
Der volle Mond ist schön und klar,
schön ist der güldnen Sternen Schar:
dies' Äuglein sind viel schöner!

Oh, daß doch so ein lieber Stern
soll in der Krippe liegen!
Für edle Kinder großer Herrn
gehören güldne Wiegen.
Ach, Heu und Stroh ist viel zu schlecht:
Samt, Seide, Purpur wären recht,
dies Kindlein drauf zu legen.

Nehmt weg das Stroh, nehmt weg das Heu,
ich will mir Blumen holen,
daß meines Heilands Lager sei
auf lieblichen Violen.
Mit Rosen, Nelken, Rosmarin
aus schönen Gärten will ich ihn
von oben her bestreuen.

Aber gerade dieses Lied kennt auch Verse von kraftvoller Klarheit, die unvergänglich sein werden, so lang man Weihnachten in
der Christenheit feiert:

Ich lag in tiefster Todesnacht,
du warest meine Sonne,
die Sonne, die mir zugebracht,
Licht, Leben, Freud und Wonne.
O Sonne, die das werte Licht,
des Glaubens in mir zugericht't,
wie schön sind deine Strahlen!

Ich sehe dich mit Freuden an
und kann mich nicht satt sehen,
und weil ich nun nicht weiter kann,
bleib ich anbetend stehen.
O, daß mein Sinn ein Abgrund wär
und meine Seel' ein weites Meer,
daß ich dich möchte fassen!

Gerhardt hat ganz selten einmal einen Ton mystischer Frömmigkeit. Er ist sonst viel zu »lutherisch«. Ebensowenig wie Luther selbst von dem mythischen Schauen und Genießen etwas hat wissen wollen, hat der lutherische Sänger sich in die Schwärmereien der »Gottgenießer« verirren können. Hier in diesen Versen ist ein Hauch edler und echter Mystik zu spüren, und gerade weil das so selten bei dem Dichter ist, ist er um so wahrer und überzeugter.

Wer kann sich einen Altjahresgottesdienst denken ohne das Lied *Nun laßt uns gehn und treten*? Das ist das evangelische Neujahrslied geworden. Das Hauptthema, das Gerhardts Dichten beherrscht, die »Geborgenheit«, hat in diesem Lied seinen klassischen Ausdruck gefunden. Dies rührende Bild:

Denn wie von treuen Müttern
in schweren Ungewittern
die Kindlein hier auf Erden
mit Fleiß bewahret werden:

Also auch und nicht minder
läßt Gott uns, seine Kinder,
wenn Not und Trübsal blitzen,
in seinem Schoße sitzen.

Sieht man nicht das Bild aus der eigenen Kindheit? Wie die Donner rollten mitten in der Nacht und der Feuerschein der Blitze die schlafenden Kinder aufschreckte – und dann die Mutter sich neben die Zitternden setzte, daß alle Angst verflog und der süße Schlaf sie mitten im Toben des Wetters wieder umfing?

Aus dem Dunkel des Altjahrsabends geht der neue Morgen hervor und des Dichters Herz ist voll Dank:

> Gelobt sei deine Treue,
> die alle Morgen neue,
> Lob sei den starken Händen,
> die alles Herzleid wenden.

Noch dröhnen in den Ohren die Gewitter des Krieges und den Herzen ist bange vor neuer Gefahr:

> Laß ferner dich erbitten,
> o Vater, und bleib mitten
> in unserm Kreuz und Leiden
> ein Brunnen unsrer Freuden.

Ist es nicht, als riefe er's in unsere wildbewegte Zeit hinein:

> Schleuß zu die Jammerpforten
> und laß an allen Orten,
> auf so viel Blutvergießen
> die Freudenströme fließen.

Die arme Menschheit, von der das Adventslied sagte, »in ihren tausend Plagen und großen Jammerlast«, bittet den »Hüter des Lebens«:

> Sei der Verlassnen Vater,
> der Irrenden Berater,
> der Unversorgten Gabe,
> der Armen Gut und Habe.

> Hilf gnädig allen Kranken,
> gib fröhliche Gedanken,
> den hochbetrübten Seelen,
> die sich mit Schwermut quälen.

Aber friedvoll geht durch die Weltnot der Weg des Getrosten:

> Und endlich, was das Meiste,
> füll uns mit deinem Geiste,
> der uns hier herrlich ziere
> und dort zum Himmel führe!

Wie schade, daß wir heute solch ein Lied im Gottesdienst nicht ganz durchsingen! Aber lesen muß man's laut. Es ist ja gesprochene Musik.

Über die Passions- und Osterlieder dieser Ausgabe müssen wir in einem anderen Zusammenhang sprechen. Des Pfingstliedes »Zeuch ein zu deinen Toren« werden wir bei der späteren Ausgabe der praxis melica gedenken.

Einen breiten Raum unter den neu hereingekommenen Liedern nehmen die Lob- und Danklieder und die Lieder »In Kreuz und Anfechtung« ein. Es sind meist Umdichtungen von Psalmen und anderen Schriftstellen. Eine wahrhaft vollendete Umdichtung eines Psalms ist das Lied, das nach Psalm 146 gedichtet ist:

> Du, meine Seele, singe,
> wohlauf und singe schön
> dem, welchem alle Dinge
> zu Dienst und Willen stehn.
> Ich will den Herren droben
> hier preisen auf der Erd,
> ich will ihn herzlich loben,
> so lang ich leben werd.

Wie fragwürdig ist alles, was Mensch heißt! Fürstenmacht und -gunst erblaßt im Tod, ehe man's gedacht. Aber

> Wohl dem, der einzig schauet
> nach Jakobs Gott und Heil.
> Wer dem sich anvertrauet,
> der hat das beste Teil,

das höchste Gut erlesen,
den schönsten Schatz geliebt.
Sein Herz und ganzes Wesen
bleibt ewig unbetrübt!

Die Werke des Schöpfers ziehen vor dem Blick vorüber, in der treuherzigen Weise eines kindlichen Gemütes geschaut, die Treue und Gerechtigkeit des Ewigen triumphiert über der Menschen Gewalt. Und – nun geht dem Dichter sein ganzes Herz auf, wenn er die Wunderwege Gottes besingen darf –

Er weiß viel tausend Weisen,
zu retten aus dem Tod,
ernährt und gibet Speisen
zur Zeit der Hungersnot,
macht schöne rote Wangen
oft bei geringem Mahl,
und die da sind gefangen,
die reißt er aus der Qual.

Er ist das Licht der Blinden,
erleuchtet ihr Gesicht,
und die sich schwach befinden,
die stellt er aufgericht't.
Er liebet alle Frommen,
und die ihm günstig seind,
die finden, wenn sie kommen,
an ihm den besten Freund.

Er ist der Fremden Hütte,
die Waisen nimmt er an,
erfüllt der Witwen Bitte,
wird selbst ihr Trost und Mann.

Das ist edelste und reinste Poesie. Denn sie ist der ungekünstelte Ausdruck des Innersten und Schönsten. Sie macht die Verse des Dichters gesund und stark. Und dann der in seiner Schlichtheit und Demut rührende Schluß:

> Ach, ich bin viel zu wenig,
> zu rühmen seinen Ruhm.
> Der Herr allein ist König,
> ich eine welke Blum.
> Jedoch weil ich gehöre
> gen Zion in sein Zelt,
> ist's billig, daß ich mehre
> sein Lob vor aller Welt.

Die Größe des Ewigen über der welken Menschenblüte – und doch die Würde des Gotteskindes, sein Lied singen zu dürfen in die lauschende Welt hinaus: So ist der Psalm des Alten Testaments aus einem hebräischen zu einem deutschen Lied geworden.

Aus dem 37. Psalm stammt das Lied *Befiehl du deine Wege*. Es ist wohl neben dem Lutherlied von der festen Burg das volkstümlichste deutsche Kirchenlied geworden. Ein Akrostichon! Das ist ein Gedicht, bei dem die Anfangsworte jeder Strophe hintereinander gelesen, einen Spruch ergeben, hier: »Befiehl dem Herrn deine Wege und hoffe auf ihn, er wird's wohl machen«. Die Akrosticha waren sehr beliebt in der verkünstelten Poesie des 17. Jahrhunderts. Sie gaben Raum zu geistreichen Spielereien und ließen die Reimkunst des Dichters in hellem Licht erglänzen. Um so mehr muß von diesem Liede Gerhardts gesagt werden, daß ihm jegliches Gekünstelte abgeht. Man vergißt, daß es im Grunde einer Kunstform entspringt. Es quillt aus dem fröhlichen Glaubensgrund in freier Ungezwungenheit. Man möchte in diesem Lied nicht ein einziges Wort missen. Von dem herrlichen Gedanken an, daß der Schöpfer und Herr, der seine unendlichen Welten in weiser Gesetzmäßigkeit führt, auch das Kleinste, ein Menschenleben, mit derselben Güte und Weisheit umfasst wie seine Sonnen, die ihren gewiesenen Lauf wandeln müssen – bis zu der Erfahrung einer dunklen Gottesferne, die den Einsamen und Hilflosen scheinbar seinem Schicksal überläßt, bis sich der Glaube erprobt hat und erfahren darf, daß er »Hilfe findet, da er's am mindesten gläubt« – so wie es im Adventslied geheißen hat: Seid unverzagt, ihr habet die Hilfe vor der Tür. Die Schilderung der Gotteskraft, die sich nicht drausbringen läßt, »und ob gleich alle Teufel hier wollten widerstehn« steht neben dem warmherzigen Trostzuspruch »Auf, auf, gib deinen Schmerzen und Sorgen gute Nacht«. Das demütige Beugen unter die höhere Weisheit des Ewigen »Bist du noch nicht Regente, der alles führen soll« wandelt sich um in das siegesfrohe Jauchzen des Glaubenserprobten:

> Wohl dir, du Kind der Treue,
> du hast und trägst davon
> mit Ruhm und Dankgeschreie
> den Sieg und Ehrenkron.

Hier ist jedes Wort eine Tat. Darum singt man dies Lied mit gläubiger Zuversicht. Der es sang, sang es aus eigenem Erleben heraus. Ihn hat finsteres »Schicksal« nie erschrecken dürfen, weil es zur »Schickung« wurde, gekommen aus wunderbarer Gottesgüte. Da wird's offenbar, daß Glaube nichts anderes ist und sein wird als die Kunst, »Dennoch« zu sagen in aller Not der Zeit.

Daneben steht das Lied, in dem das freudige »Dennochsagen« aus dem seligen Troste zum mutigen Durchhalten wird:

> Warum sollt ich mich denn grämen,
> hab ich doch
> Christum noch,
> wer will mir den nehmen?
> Wer will mir den Himmel rauben,
> den mir schon
> Gottes Sohn
> beigelegt im Glauben?

Die ganze Nichtigkeit des Menschenlebens steht ihm vor Augen,
wenn er bekennt:

> Nackend lag ich auf dem Boden,
> da ich kam,
> da ich nahm,
> , meinen ersten Odem;
> nackend wer ich auch hinziehen,
> wenn ich wird
> von der Erd
> als ein Schatten fliehen.

Wie ist dies Hiobswort hier zu einem Donnerwort umgewandelt.
Beinah verächtlich sieht der Dichter auf dies arme Erdending
Mensch, um sich dann zu dem zu erheben, aus dessen Händen
ihm dieses Leben gekommen ist:

> Gut und Blut, Leib, Seel und Leben
> ist nicht mein,
> Gott allein
> ist es, der's gegeben.
> Will er's wieder zu sich kehren,
> nehm er's hin:
> ich will ihn
> dennoch fröhlich ehren.

Das sind die Urlaute des Christenmutes! Jenes siegreiche und
unerschütterliche »Dennoch« eines Paulus »ich bin gewiß, daß
weder Tod noch Leben mich scheiden mag von der Liebe Gottes«. Das sind die, die sich nicht scheuen, ein Kreuz zu tragen
und dabei Gott fröhlich zu ehren. Das sind die, die der erschüt-
terten Welt zeigen, was Glauben heißt:

> Satan, Welt und ihre Rotten
> können mir
> nichts mehr hier
> tun, als meiner spotten.

Laß sie spotten, laß sie lachen!
Gott, mein Heil,
wird in Eil
sie zu schanden machen.

Und so geht dieser Held seines Weges gleich dem Dürerschen »Ritter«, der durch das Tal der Schrecken reitet. Der Tod weist ihm die ablaufende Sanduhr. Grinsend naht der Teufel. Das Roß wiehert vor Entsetzen. Der Hund duckt sich unter den Bauch des Pferdes in gelähmter Furcht. Aber in dem »dunkeln Tal« reitet der Geharnischte, kein Muskel zuckt in seinem Antlitz. Die Faust umspannt den Speerschaft:

Unverzagt und ohne Grauen
soll ein Christ,
wo er ist,
stets sich lassen schauen.
Wollt ihn auch der Tod aufreiben,
soll der Mut
dennoch gut
und fein stille bleiben.

Der so singen kann, ist über der Erde Last und Lust hinausgewachsen. Seine Welt ist anderswo. Er hat sein Herz schon »hinaufgeschickt«:

Was sind diese Lebens Güter?
Eine Hand
voller Sand,
Kummer der Gemüter.
Dort, dort sind die edlen Gaben,
da mein Hirt
Christus wird
mich ohn Ende laben.

In diesem Lied hat Gerhardt sich zu der Höhe Luthers emporgeschwungen. Welche männliche Entschiedenheit und welche

Kampfesentschlossenheit spricht aus dem Mann, dessen Lieder sonst so zart und lieblich dahinfließen! Das friedvolle Bächlein, das an blumenreichen Auen dahinrieselt, wandelt sich zur Meereswoge, die der Sturm aufpeitscht.

Noch einmal hat Gerhardt diesen Glaubenstrutz in einem Liede gesungen. In leiser Anlehnung an jenes mächtige Bekenntnis des Paulus in Römer 8, »ist Gott für uns, wer mag wider uns sein?«, das Melanchthon zu seinem Wappenspruch erkoren hat, ist ihm das Glaubenslied geworden:

> Ist Gott für mich, so trete
> gleich alles wider mich.
> So oft ich ruf' und bete,
> weicht alles hinter sich.
> Hab ich das Haupt zum Freunde
> und bin geliebt bei Gott,
> was kann mir tun der Feinde
> und Widersacher Rott?

Gerhardt hat gelebt, was er gesungen hat. Sein Glaubenslied ist herausgegangen aus der reformatorischen Botschaft: Gerecht durch den Glauben allein. Und diese reformatorische Botschaft hat ihn zu dem Unerschütterlichen werden lassen, der um des Glaubens willen auch das Letzte wagte und das Letzte gab. Man sieht hinter seinem Lied den Märtyrer seiner Überzeugung:

> Wer sich mit dem verbindet,
> den Satan fleucht und haßt,
> der wird verfolgt und findet
> ein' hohe schwere Last
> zu leiden und zu tragen,
> gerät in Hohn und Spott:
> das Kreuz und alle Plagen,
> die sind sein täglich Brot.

Das ist mir nicht verborgen,
doch bin ich unverzagt:
Gott will ich lassen sorgen,
dem ich mich zugesagt.
Es koste Leib und Leben
und alles, was ich hab':
an dir will ich fest kleben
und nimmer lassen ab.

Das sind keine poetischen Redensarten – das ist das Bekenntnis
eines Mannes, der die Faust zusammenballt in dem Gelöbnis:
Nimmer zurück!
Darum hat das evangelische Bekenntnis von der Gerechtigkeit
aus Gnad' allein in diesem Lied seinen bedeutenden Ausdruck
gewonnen. Nichts Nachgesprochenes, sondern Selbsterrunge-
nes:

Der Grund, da ich mich gründe,
ist Christus und sein Blut;
das machet, daß ich finde
das ew'ge, wahre Gut.
An mir und meinem Leben
ist nichts auf dieser Erde.
Was Christus mir gegeben,
das ist der Liebe wert.

Herzerquickend weiß er zu sagen von dem Gottesgeist und seiner Erleuchtung, der »ihm das Abba schreien hilft in aller seiner
Kraft«. Wieder wie im Lied »Warum sollt ich mich denn grämen« blickt er hinaus auf

ein edle neue Stadt,
da Aug und Herze schauet,
was es geglaubet hat.

Und dann reckt er sich auf, der zum Kampf Entschlossene:

Die Welt, die mag zerbrechen
du stehst mir ewiglich.
Kein Brennen, Hauen, Stechen
soll trennen mich und dich.
Kein Hunger und kein Dürsten,
kein Armut, keine Pein,
kein Zorn der großen Fürsten
soll mir ein Hindrung sein.

Kein Engel, keine Freuden,
kein Thron, kein Herrlichkeit,
kein Lieben und kein Leiden,
kein Angst und Fährlichkeit,
was man nur kann erdenken,
es sei klein oder groß:
der keines soll mich lenken
aus deinem Arm und Schoß.

Hier ist nicht bloß Menschenruhm, sondern ebensosehr Menschenfurcht ins Wesenlose versunken. Und der tiefste Seelengrund ist eine unvergängliche Freude. Wir wüßten, daß Gerhardt ein echter und rechter Dichter gewesen ist, auch wenn wir gar nichts von ihm hätten als den einen Vers:

Mein Herze geht in Sprüngen
und kann nicht traurig sein,
ist voller Freud und Singen,
sieht lauter Sonnenschein.
Die Sonne, die mir lachet,
ist mein Herr Jesus Christ.
Das, was mich singen machet,
ist, was im Himmel ist.

Das Lied *Sollt ich meinem Gott nicht singen* wird zu einem Gemälde des Lebens, das unter der Sonne Gottes dahingeht. Gottes Vatergüte, des Heilands Erlösertat, des göttlichen Geistes Er-

leuchtung wird ihm ebenso Anlaß zu seinem Jubel wie der Blick
in die grüne Welt, aus der die Saat wächst:

> Himmel, Erd und ihre Heere
> hat er mir zum Dienst bestellt.
> Wo ich nur mein Aug hinkehre,
> find ich, was mich nährt und hält:
> Tier und Kräuter und Getreide,
> in den Gründen, in der Höh,
> in den Büschen, in der See,
> überall ist meine Weide.

Die Geduld Gottes mit den Sündern, seine gnadenvolle Nach-
sicht wird ihm Grund zum Danken – und wenn der Blick auf
Not und Heimsuchung fällt, kommt's getrost und zuversicht-
lich:

> Das weiß ich fürwahr und lasse
> mir's nicht aus dem Sinne gehn:
> Christenkreuz hat seine Maße
> und muß endlich stillestehn.
> Wenn der Winter ausgeschneiet,
> tritt der schöne Sommer ein,
> also wird auch nach der Pein,
> wer's erwarten kann, erfreuet.

Jeder Vers schließt mit dem Kehrvers:

> Alles Ding währt seine Zeit,
> Gottes Lieb in Ewigkeit.

Vielleicht hat dies Lied Gerhardts einen etwas nüchternen Klang.
Er hütet sich vor allem Überschwenglichen. Aber echter Dichtkunst volle Klänge tönen in dem anderen Loblied:
Ich singe dir mit Herz und Mund – da singt und jubelt das Herz
wie eine Lerche, die aus den Saaten in die Höhe steigt:

Wer hat das schöne Himmelzelt
hoch über uns gesetzt?
Wer ist es, der uns unser Feld
mit Tau und Regen netzt?
Wer gibt uns Leben und Geblüt?
Wer hält mit seiner Hand
den güldnen, werten, edlen Fried
in unserm Vaterland?

Und voll inniger Liebe schaut er auf die Weinenden:

Du zählst, wie oft ein Christe wein
und was sein Kummer sei:
kein Zähr- und Tränlein ist so klein,
du hebst und legst es bei!

So ist die Botschaft von der Gottestreue, die »alle Haare auf dem
Haupte zählet« und »keinen Sperling vom Dache fallen« läßt, in
die Stube der Bekümmerten hineingetragen:

Wohlauf, mein Herze, sing und spring
und habe guten Mut:
dein Gott, der Ursprung aller Ding,
ist selbst und bleibt dein Gut.

Er ist dein Schatz, dein Erb und Teil,
dein Glanz und Freudenlicht,
dein Schirm und Schild, dein Hilf und Heil,
schafft Rat und läßt dich nicht.

Herz und Lippen strömen über vom Lobpreis des Ewigen:

Er hat noch niemals was versehn
in seinem Regiment:
nein, was er tut und läßt geschehn,
das nimmt ein gutes End.

Es offenbart sich immer wieder in neuen Tönen, dies glückliche Kinderherz, das mit seinem Gott die Wege des Segens geht, gewiß, daß »Er alles herrlich hinausführt«.

> Ei nun, so laß ihn ferner tun
> und red ihm nicht darein,
> so wirst du hier im Frieden ruhn
> und ewig fröhlich sein!

Aus diesem tiefen Grund echter Freude, die einfach nicht umzubringen ist, kommt etwas vom Lieblichsten, was er gesungen hat, das schöne Sommerlied:

> Geh aus, mein Herz, und suche Freud
> in dieser lieben Sommerzeit
> an deines Gottes Gaben.
> Schau an der schönen Gärten Zier
> und siehe, wie sie mir und dir
> sich ausgeschmücket haben.

Was tut es, wenn wir hören, daß schon 1578 ein ähnliches Sommerlied von Bartholomäus Ringwald erschienen ist, in dem das Erdreich mit seinem grünen Kleid, Lerche, Storch, Schwälblein, Reh und Hirsch, Schafe und Bienen ihre Platz haben? So wie Gerhardt singt, singt eben doch nur er. Mit dem offenen Auge des Fröhlichen, mit dem Herzen des Kindes, mit dem Mund des Dichters:

> Die Bächlien rauschen in dem Sand
> und malen sich in ihrem Rand
> mit schattenreichen Myrten.
> Die Wiesen liegen hart dabei
> und klingen ganz von Lustgeschrei
> der Schaf und ihrer Hirten!

Urgesund ist diese Freude an dem großen Bilderbuch Gottes, das den Beschauer schließlich höher hinaufblicken läßt zu dem himmlischen Reich, dessen Abbild die schöne Erdenwelt ist:

Ach, denk ich, bist du hier so schön
und läßt du's uns so lieblich gehn
auf dieser armen Erden,
was will doch wohl nach dieser Welt
dort in dem reichen Himmelszelt
und güldnen Schlosse werden?

Die Klänge der Seraphim, die mit unverdross'nem Mund und Stimm' ihr Halleluja singen, wecken in ihm das Verlangen, in ihrem Kreise mit tausend schönen Psalmen des »großen Gottes großes Tun« zu preisen. Und doch hält er sich fern von allem gemachten »Himmelsheimweh«. Gesund und wahrhaftig, wie er ist, will er auch, solang er dieses Leibes Joch trägt, sich zu dem Lobe Gottes neigen. Daß nur dies Leben unter dem Segen, der vom Himmel fließt, stetig blühe.

Mach in mir deinem Geiste Raum,
daß ich dir werde ein guter Baum,
und lass' mich Wurzel treiben.
Verleihe, daß zu deinem Ruhm
ich deines Gartens schöne Blum
und Pflanze möge bleiben.

Der Kampf um Amt und Gewissen

Ich bin in Kreuz und Leiden,
das schreib ich mit der Kreiden!
Und wer kein Kreuz und Leiden hat,
der wische meinen Reimen ab!

sagt ein altes Volkslied. Es ist das Lied Gerhardts geworden.
Der Kreuzesweg hat die zwei Eheleute mehrere Male an Kindergräber geführt. Die kleine Anna Katharina ist ihnen nach vierzehn Monaten genommen worden. Ein Sohn Andreas scheint
gleich nach seiner Geburt gestorben zu sein. Da ist ihm wohl aus
solchen Leidstunden sein Lied von der Geduld als süßer Trost
geschenkt worden:

Geduld ist euch vonnöten,
wenn Sorge, Gram und Leid
und was euch mehr will töten,
euch in das Herze schneid't.
O auserwählte Zahl!
Soll euch der Tod nicht töten,
ist euch Geduld vonnöten:
ich sag es noch einmal.

Geduld kommt aus dem Glauben
Und hängt an Gottes Wort:
Das läßt sie ihr nicht rauben,
das ist ihr Heil und Hort,
das ist ihr hoher Wall,
da hält sie sich verborgen,
läßt Gott den Vater sorgen
und fürchtet keinen Fall.

Aber das größte Leiden ist ihm aus dem Streit gekommen, der zu Berlin zwischen dem Kurfürsten und dem Geistlichen Ministerium ausgebrochen ist.

Wer die ganze Not verstehen will, die aus dem Streit über viele tapfere Männer gekommen ist, der muß ein wenig Bescheid wissen in der Geschichte der evangelischen Kirche des 17. Jahrhunderts.

Das lutherische und das reformierte Bekenntnis wurden damals allgemein als zwei verschiedene Religionen gewertet. Kurfürst Johann Sigismund hatte 1613 den reformierten Glauben angenommen. Dabei waren nicht nur religiöse Empfindungen maßgebend. Das reformierte Wesen hatte seinen Schwerpunkt im Westen und jenseits der Grenze. Ausländische Sitte und Politik kamen mit ihm ins Land. Aus Holland, der Schweiz und anderen westlichen Gegenden waren neue Einwohner gekommen. Sie steigerten den Einfluß des reformierten Bekenntnisses und verschärften das Mißtrauen des eingesessenen Volkes gegen den fremden Glauben und steigerten die Sorge um die Reinheit der lutherischen Lehre. Der Kurfürst wollte keinen Untertan zu diesem Bekenntnis zwingen, seine Gemahlin und seine Tochter blieben beim lutherischen Glauben. Aber der Wunsch des Fürsten war doch da und eine Anzahl der höheren Beamten kamen ihm nach. Trotz des veränderten Bekenntnisses übte der Kurfürst seine Aufsichts- und Hoheitsrechte über die lutherische Kirche aus. So kam es zum Kriegszustand zwischen den Bekenntnissen. Es wurden leidenschaftliche Predigten gegeneinander gehalten. Der Kurfürst wollte besänftigen. Schon 1614 gab er ein Edikt heraus, in dem er alles Schimpfen auf den Kanzeln verbot. »Die unzeitigen Eiferer und Zeloten sollen sich außerhalb des Kurfürstentums niederlassen, wo ihnen solch unchristliches Wüten zugelassen sei!« Dieses Edikt hat damals kaum großen Widerspruch in seinem Land gefunden. Es war die Zeit, in der man sich gegen andere Gegner zu wappnen hatte – in der Ferne grollten schon die Wetter des großen Krieges.

Da war schließlich ein Gottesgelehrter zu Helmstedt, Professor Calixt, der den unseligen Streit aus dem Wege zu räumen gedachte. Er schrieb wohlgemeinte Bücher, in denen er die Streitenden mahnte, sie möchten zurückgehen in die erste Zeit der Christenheit. Dort finde man, was einigen könne, statt auseinanderzureißen.

Einmal schien es sogar, als ob eine Verständigung zwischen den Theologen erreicht werden sollte. Damals, als Wallenstein und Tilly ganz Deutschland unter ihre Eisenhandschuhe gepreßt hatten und aus dem Norden der Retter Gustav Adolf herannahte. 1631 kamen Lutheraner und Calvinisten in Leipzig zusammen und verhandelten die Streitpunkte höflich und ohne Gehässigkeit. Aber es war eine trügerische Hoffnung, die einige Friedensleute auf diesen Leipziger »Konvent« setzten. Sie zerflatterte nur zu schnell. Vor allem die Theologen aus Kursachsen, aus der Heimat Gerhardts, waren unnachgiebig. Einer unter ihnen, der Hofprediger Hoë v. Hohenegg, brachte es sogar fertig, zu sagen: Wer für die Calvinisten die Waffen ergreife, tue nichts anderes als dem Teufel Reiterdienste zu erweisen. Denn der Teufel sei der Urheber des Calvinismus. Man greift sich wirklich an den Kopf und fragt sich, wohin der Fanatismus diese wackeren Männer getrieben hat! Darum hat auch ein nochmaliges »Religionsgespräch«, das 1645 in Thorn stattgefunden hat, nicht den geringsten Erfolg gehabt. Man hat den armen Calixt, der auf diesem Religionsgespräch den Reformierten beigestanden ist, schließlich gar nicht mehr als »Lutheraner« anerkannt, ja, man hat ihm 88 Ketzereien nachgewiesen, die gegen das Augsburger Glaubensbekenntnis seien. Und man hat ihm und seinen Anhängern einen üblen Beinamen gegeben, der fortan in allen Streitigkeiten eine verhängnisvolle Rolle gespielt hat: Synkretisten hieß man die Friedfertigen! Dieser Name kommt von einer uralten Geschichte: die Einwohner von Kreta hätten, so erzählt ein griechischer Geschichtsschreiber, untereinander oft harte Fehden ausgefochten. Sobald aber ein Feind von außen gekommen sei, seien dieselben, die sich zuvor bekämpft hatten, zusammengestanden wie Brüder! Darum nannte man alle, die aus Gegensatz und Kampf zum Frieden gekommen waren, nach diesen Kretern: Synkretisten. Aber die lutherischen Theologen haben dies Wort, das im Grunde genommen ein sehr schönes Wort gewesen ist, zu einem bösen Schimpfwort umgewandelt. »Synkretisten« sind Leute, die aus lauter politischer Berechnung Gewissen und Wahrheit nicht mehr achten. Leute, die rufen »Friede, Friede«, wo doch kein Friede ist! Sie verwischen den Ernst der Gegensätze und vermitteln, statt tapfer und unerschrocken zu bekennen. Sie machen schwarz aus weiß und weiß aus schwarz, und der Friede, den sie stiften, ist nur ein fauler Friede, der bei der ersten Probe, die er bestehen soll, zerbricht. Paul Gerhardt hat in seinem Testament seinem Sohn die Mahnung hinterlassen: »Hüte dich vor den Synkretisten! Sie suchen das Zeitliche und sind weder Gott noch Menschen angenehm!«

Aber diese Synkretisten haben doch in einem deutschen Land einen bedeutenden Erfolg gehabt: das war in Hessen-Kassel. Dort war eine reformierte Universität in Marburg und eine lutherische in Rinteln. Die Theologen von Rinteln waren Schüler des Calixt und somit Anhänger der Friedensbewegung. Sie kamen mit den reformierten Marburgern 1661 in Kassel zusammen und besprachen die Verschiedenheiten der Glaubenslehre. Sie stießen diese Unterschiede nicht um. Jede Partei beharrte bei ihrer Auffassung. Aber sie erklärten, daß von diesen Glaubenslehren die Seligkeit nicht abhänge. Das war eine Tat, die für jene wildbewegte Zeit eine große Tat genannt werden darf. Nun baten die Versöhnten den Landgrafen von Hessen-Kassel, er möge ihr Friedenswerk fördern. Sie setzten ihrer Bitte die Hoffnung zu: Nun könnten auch die Nachbarländer solchem Verständigungswerk beitreten, vor allem Brandenburg und Sachsen.

Hei, wie die Sachsen aufbrausten! Ihr Wortführer, Abraham Calovius in Wittenberg, erklärte dies »Friedenswerk von Kassel« für »verdammten Synkretismus«. Die Rintelner Theologen seien Verirrte und Verführte. Sie sollten sich bekehren, damit sie nicht dem Satan zum Opfer fielen! Und die Brandenburger Theologen, die zum großen Teil in Wittenberg studiert hatten, stellten sich auf die Seite des Calovius. Keine Fingerspitze sollte den »Synkretisten« gegeben werden, geschweige denn eine Hand! »Hie Luther – hie Synkretisten«. Entweder oder. Ein Mittleres gibt es nicht! Paul Gerhardt stand zu seinem Wittenberg mit Leib und Seele.

In Brandenburg herrschte jetzt Friedrich Wilhelm, der »Große Kurfürst«. Auch er war, als Enkel von Johann Sigismund, Calvinist. Er war ein kluger und weitschauender Fürst. Seine Lande lagen auseinandergerissen, Brandenburg in der Mitte, Preußen im Osten, Jülich, Cleve und Berg im Westen am Rhein. Ihm schwebte die politische Einigung dieser Landesteile zu einem starken Brandenburg vor. Darum kam ihm der Ruf der Theologen von Marburg und Rinteln zu gelegener Stunde. Warum sollte das nicht auch in seinem Lande möglich sein? Er berief die führenden Theologen seines Landes zu einem Religionsgespräch in Berlin. Es war am 21. August 1662, daß befohlen wurde: Unter der Leitung des reformierten Oberpräsidenten Otto v. Schwerin sollten sich lutherische Theologen mit reformierten Geistlichen über die Frage aussprechen: »Ob in den reformierten öffentlichen Bekenntnissen etwas gelehrt oder bejaht wurde, um dessen willen derjenige, der so bekennt, lehrt und glaubt, nach göttlichem Recht verdammt sei«? Die Frage war sehr heikel. Denn es handelte sich um die Bekenntnisse des Kurfürsten Johann Sigismund, um die Bekenntnisse, die im Thorner Religionsgespräch vorgelegt worden waren. Wie konnte ein geistliches Ministerium von Brandenburg einen brandenburgischen Kurfürsten um seines Bekenntnisses willen für verdammt erklären? Und andererseits: hieß es von den Lutheranern nicht etwas Unmögliches verlangen, wenn sie eine auch nur verhüllte Zustimmung zu diesen reformierten Bekenntnissen geben sollten? Das war eine brutale Vergewaltigung ihres Glaubensstandpunktes. Man hat eben in jener Zeit nicht »Glauben« und »Wissen« auseinandergerissen. Sondern Glauben mußte in einer klaren Erkenntnis gegründet sein. Und wem die klare Erkenntnis fehlte, dem fehlte auch der wahre Glaube. Glaube, auch der Herzensglaube, war für jene Theologen eins mit der richtigen Lehre. Wer von seiner Lehre ließ, der war ein Abtrünniger, der vom Glauben abfiel und unter das Gericht des Herrn kam: »Wer mich verleugnet vor den Menschen, den will auch ich verleugnen vor meinem himmlischen Vater!« Es ist jammerschade, daß der große Geist des Kurfürsten diese Grenzen und Schranken in dem Glaubensleben seiner Theologen nicht gesehen hat. Er hätte sich sonst begnügt bei dem Zugeständnis der Berliner Theologen: »Wir wollen unverrückt bei allen unseren lutherischen Lehren bleiben, aber wir sind erbötig, den Reformierten alle nachbarliche und christliche Liebe und Freundschaft zu erweisen und wünschen ihrer aller Seligkeit von Herzen.« Aber man wollte von seiten der Reformierten mehr – und an diesem »Mehr« scheiterte die ganze mühevolle Arbeit der Verständigung. Die Reformierten wurden von dem Hofprediger Stosch geführt. Die Lutheraner standen unter Gerhardts Amtsgenossen Reinhart. Schon bei den ersten Verhandlungen war Gerhardt der geistige Führer. Er gab die schriftlichen Gutachten ab – und aus diesem Gutachten ist zu sehen, daß alle weiteren Verhandlungen scheitern mußten. Es ging um die Frage, ob man sich überhaupt in ein Gespräch mit den Reformierten einlassen solle? Gerhardt meinte, die Leute um Stosch seien solche Dickköpfe, daß sie nie und nimmermehr sich zu dem lutherischen Bekenntnis bringen ließen. Und das Ende vom Lied werde sein, daß man sie, die Lutheraner, für ungehorsame, widerspenstige, friedhässige Leute ausschreien werde. Bei ihrem gnädigen Herrn würden sie dann in Ungnade fallen! Also sei es klüger, man gehe von vornherein nicht hin. Das war richtig gesehen und richtig geraten. Nur sieht man, daß Gerhardt kein Politiker war. Denn dann hätte er sich sagen müssen: Wer von vornherein nicht kommt, gilt erst recht als der Friedensstörer und wird sich beim Kurfürsten unmöglich machen. Aber »Politiker« brauchten die Berliner Pastoren nicht, sondern Bekenner. Und Bekenner haben noch nie viel von Politik gehalten.

In dem Hin und Her der Verhandlungen hat Gerhardt eine Behauptung aufgestellt, bei der einen schaudert. Man sieht die ganze Hartnäckigkeit der Wittenberger Theologie darin. Es war die Frage aufgeworfen worden, ob man überhaupt von »reformierten »Christen« reden könne. Und Gerhardt hat die Antwort darauf gegeben: »Daß unter den Reformierten Christen seien, gebe ich gern zu. Aber daß die Reformierten, als reformierte Christen, meine Mitchristen, meine Mitbrüder sind, das leugne ich.« Es dreht sich um eine Erklärung des Wortes »Christen«. Ein Christ kann sein: ein Mensch, der auf Christus getauft ist und Jesus von Nazareth als den Erlöser und Heiland der Welt bekennt. Dann könnten nicht allein Calvinisten, sondern auch Papisten Christen genannt werden. Oder aber ein Christ ist derjenige, welcher den wahren seligmachenden Glauben rein und unverfälscht hat und auch dessen Früchte in seinem Leben sehen läßt. »Also kann ich die Calvinisten als Calvinisten nicht für Christen halten!« Ob Gerhardt bei diesem furchtbaren Urteil wirklich nicht an die Stunde gedacht hat, als die christliche Kirche gegründet worden ist auf das Bekenntnis des Petrus: Wir glauben, daß du bist Christus, des lebendigen Gottes Sohn? Es schneidet einen ins Herz, wenn man den Dichter als den hartschädeligen Eiferer sehen muß, der mit rauer Hand das Tischtuch zerschneidet, das zwischen ihnen liegt.

So ging das »Religionsgespräch« sang- und klanglos zu Ende. Weil man nicht *aus* Religion, sondern *um* die Religion miteinander gesprochen hatte. Das wird immer so sein, solange Menschen sich anheischig machen, das göttliche Geheimnis in das kleine Tongeschirr menschlicher Gedanken fassen zu wollen.

Der Kurfürst war ergrimmt über dieses Ergebnis unbrüderlicher Zwieträchtigkeit eines auf brüderliche Einträchtigkeit gerichteten Gesprächs, setzte höchst ungnädig den Diakonus Reinhart von seinem Amt als Prinzenerzieher ab und war entschlossen, wenigstens den äußeren Frieden unter der Geistlichkeit seines Landes zu wahren.

Er hatte schon am 2. Juni 1662 den Befehl gegeben, daß seine Untertanen »untereinander in christlich friedlicher Einträchtigkeit leben und, bis Gott die völlige Erleuchtung geben werde, einander aufnehmen und vertragen sollten«. Die Prediger sollten in Zukunft nicht die Lehren der Reformierten auf ihren Kanzeln so darstellen, daß die Hörer »einen großen Haß und Bitterkeit wider ihre Nebenchristen gewinnen«, sondern »Gottes Wort lauter und rein, wie es in den prophetischen und apostolischen Schriften gegründet ist, vortragen«.

Jetzt wurde dieses Edikt verschärft. Am 16. September 1664 kam die Verordnung Johann Sigismunds vom Jahre 1614 neu heraus, daß die beiden Kirchen gegenseitig keine Schimpfnamen auf den Kanzeln gebrauchen dürfen. Man darf von den Reformierten in Zukunft nicht mehr reden als von Zwinglianern, Calvinisten, Sakramentierern, Sakramentschändern. Ebenso dürfen die Lutherischen nicht mehr Ubiquitisten, Flazianer, Marzioniten, Pelagianer, Eutychianer genannt werden. Man fragt sich unwillkürlich, welche von den Predigthörern so theologisch gebildet gewesen sein werden, daß sie den Sinn dieser Schelttitel verstanden haben. Es war doch mehr oder minder Theologenstreit, der da auf den Kanzeln statt in den Gelehrtenstuben ausgetragen wurde. Und man empfindet es als eine wahrhaftige Erleichterung der Gottesdienstbesucher, daß ihnen nicht mehr zugemutet wurde, diese theologischen Spitzfindigkeiten als sonntägliche »Erbauung« annehmen zu müssen. Ferner wurde untersagt, daß die Lutherischen den Reformierten vorwerfen, bei ihnen werde »die Vernunft zur Regel in Glaubenssachen eingesetzt«. Und auf der Gegenseite wurde verlangt, daß man den Lutherischen in Zukunft nicht mehr vorhalten dürfe, sie glaubten, das Heilige Abendmahl sei ein kapernaitisches Essen des Leibes Christi. Den Lutherischen wurde befohlen, daß sie den Exorzismus in der Taufe weglassen sollten, wenn ein Taufvater das verlange. Es sei ohnehin dieser Exorzismus nur noch in wenigen Kirchen Brauch. Dieses Edikt wurde sämtlichen Geistlichen zugestellt, und sie erhielten den Befehl, einen Revers zu unterschreiben, der ungefähr folgenden Wortlaut hatte: »Ich will jederzeit Gott mit herzlichem Gebet um die Beförderung dieser Kirchentoleranz anrufen, und ich werde alle Mittel, die zu der Kirchentoleranz vorgeschlagen werden, annehmen. In den strittigen Lehren will ich mit der äußersten Mäßigung sprechen, die Konkordienformel weglassen, den Exorzismus mildern oder ändern und den kurfürstlichen Edikten gehorsam nachleben. So wahr mir Gott helfen will durch Jesus Christus!« Dieser kurfürstliche Befehl brachte die größte Unruhe, vielfach geradezu ein Entsetzen in den brandenburgischen Landen hervor. Man fragt sich, warum? Es mußte doch wohl allen Anständigen unter den Pastoren eine wahre Wohltat bedeuten, daß die hässlichen Verketzerungen, mit denen man sich gegenseitig oft genug beworfen hatte, endlich aufhörten? Es war auch sicherlich nicht das Verbot der Ketzernamen, das die Treuen und Aufrichtigen unter den Predigern lutherischen Glaubens ärgerte, sondern vielmehr die Furcht, daß ihnen jetzt die Möglichkeit genommen werde, ihre Gemeindeglieder im rechten Glauben zu bestärken. Wie sollte ein gründlicher »Unterricht im Bekenntnis« möglich sein, wenn man bei jedem Satz fürchten mußte, ein Wort zuviel gegen die Lehre des Calvinismus zu sagen? Und konnte man darum herumkommen, die »falschen Lehren« Calvins zu bekämpfen? Mußte nicht ein gewissenhafter Hirte diese Lehren, die er für seelenmörderisch hielt, aufs eifrigste widerlegen, damit keine der ihm anvertrauten Seelen ihnen zum Opfer falle? Man muß sich in diese Lage der damaligen Prediger hineinversetzen, um zu verstehen, daß nach ihrer Auffassung diese »Toleranz«, die der Kurfürst befahl, in Wahrheit ihr aufrichtiges Glaubenszeugnis lahmlegte und das Land den Lehren der Calvinisten auslieferte! Sie kamen sich vor wie »die stummen Hunde«, vor denen die Schrift warnt. Der Kurfürst war ihnen ein Tyrann, der in ihre heiligen Anliegen eingriff. Ein Bedrücker ihrer Gewissen, der sträflich den Lauf des wahren Gotteswortes aufhielt in seinen Landen.

Die sechs Geistlichen von Berlin richteten eine Eingabe an den Kurfürsten, in der man die furchtbare Not spürt, in der sie sich befanden, und baten, die Güte des Herrschers wolle ihre Gewissen nicht bedrücken und dem lutherischen Gottesdienst die gleiche Ruhe gönnen wie alle anderen, besonders die Papstler, sie in seinen Landen erfahren dürften! Der Kurfürst wies diese Vorstellungen ab. Es falle ihm nicht ein, die Gewissensfreiheit anzutasten, wenn sie nicht etwa diese Gewissensfreiheit im Verlästern, Verketzern und Verdammen der Reformierten sähen. Man merkt in dieser Antwort die Feder des reformierten Predigers Stosch, der den Kurfürsten beraten hat. Ihm fehlte die Fähigkeit, die erschrockenen Gewissen seiner Gegner zu verstehen. Er mag ihnen wohl auch noch bitterfeind gewesen sein von dem verunglückten Religionsgespräch her. Jetzt hatten sie die Quittung dafür, daß sie die Calvinisten nicht als Christen hatten anerkennen wollen.

Die unglücklichen Pfarrer wandten sich nun nach der damaligen Sitte an die lutherischen Universitäten in Wittenberg, Jena, Helmstedt und an die Geistlichen Ministerien in Hamburg und Nürnberg und baten um ein Gutachten darüber, wie sie sich verhalten sollten. Diese Gutachten bestärkten sie natürlich in ihrer widersetzlichen Haltung gegenüber dem »Toleranzedikt« des Kurfürsten. Aber nun entbrannte der Zorn des Kurfürsten erst recht. Die Berliner Prediger erschienen ihm als Rebellen, die hinter seinem Rücken mit allerhand dunklen Elementen konspiriert hätten. Er befahl brüsk, die Gutachten auszuliefern, und die Unbotmäßigen mußten vor dem Konsistorium erscheinen, wo ihnen befohlen wurde, sofort das Edikt zu unterschreiben, vor allem der Propst Lilie und der Archidiakonus Reinhart, dem der besondere Groll von der unseligen Berliner Religionszänkerei her galt. Prächtig stand Gerhardt für den verfemten Freund ein. Er erklärte ritterlich, daß er hinter Reinhart gestanden sei und ihm geraten habe, keinen Schritt zu weichen. Lilie und Reinhart weigerten sich, die Unterschrift unter den Revers zu setzen. Sofort wurde ihnen mitgeteilt, daß sie ihrer Ämter entsetzt seien. Drei Wochen später verließ Reinhart bei Sonnenaufgang, als das Tor geöffnet ward, die Stadt. Ein Ausgewiesener! In Leipzig nahmen sie den Glaubenszeugen mit offenen Armen auf. Er wurde Pfarrer an St. Nicolai, später Superintendent und Professor der Theologie. Propst Lilie war schon 68 Jahre alt. Für ihn war das Durchkämpfen solcher schweren Nöte eine zu harte Aufgabe. So ließ er sich von seinem ältesten Sohn dazu überreden, einen besonderen Revers für seine Person zu schreiben. Man hat ihn ein Jahr später wieder in sein Amt zurückkehren lassen. Aber die Aufregungen, die er erlitten hatte, waren zu groß. Ein paar Wochen nach seiner Wiedereinsetzung traf ihn ein Schlaganfall, an dem er starb.

Dann ging es an Gerhardt. Aus Kleve hatte der Kurfürst im Winter 1666 geschrieben, man solle ihn vorladen, seine Unterschrift unter den Revers verlangen, und, wenn er sich weigere, ihn seines Amtes entsetzen. Am 6. Februar 1666 erklärte Paul Gerhardt vor dem Konsistorium, daß er sich um seines Gewissens willen dem Edikt nicht unterwerfen könne. Daraufhin wurde die Amtsentsetzung ausgesprochen, am 14. Februar hielt er die letzte Trauung. Es wird erzählt, daß er damals gesagt habe: »Es ist nur ein geringes Berlinisches Leiden. Ich bin auch willig und bereit, mit meinem Blute die evangelische Wahrheit zu besiegeln und als ein Paulus mit Paulus den Hals dem Schwerte darzubieten!« Ihm ging es um die Seligkeit, um nichts Geringeres. So wenig man seine schroffe Haltung in dem Berliner Religionsgespräch heute noch verstehen kann, muß man bei der Beurteilung solcher Charakterköpfe auf die Reformatoren selber zurückgreifen und von ihnen wieder auf Paulus im Neuen Testament. Wenn man überhaupt keinen oder bloß einen dünnen, verschwommenen religiösen Besitz hat, ist es sehr leicht, tolerant zu sein! Dies Glaubensfeuer, das in Gerhardt gelodert hat, hat den Beweis auf seine Echtheit und Stärke geliefert, als er ohne Aufhebens zu machen, sein Leiden auf sich nahm. Es ging ihm auch hier wirklich um niemanden anders als um Christus!

In Berlin entstand eine gewaltige Aufregung. Die Verordneten der Bürgerschaft, die Vertreter der Tuchmacher, der Schuhmacher, der Bäcker, Schlächter, Kürschner, Schneider, Zinngießer setzten eine Eingabe an den Magistrat auf, der das Patronat der Kirche von St. Nikolai inne hatte, und verlangten, der Magistrat müsse beim Kurfürsten vorstellig werden, daß er ihnen ihren »geliebten Prediger und Seelsorger« nicht entziehe. Denn es sei »mehr als bekannt, daß dieser Mann nimmermehr wider S. Churf. Durchlaucht Glauben geredet und keine Seele mit Worten oder Werken angegriffen habe«. Sie verlangten, daß »dieser fromme, ehrliche und in vielen Landen berühmte Mann ihnen gelassen werde«. Der Rat legte diese Schrift mit einem Begleitschreiben vor, in dem ebenfalls betont wurde, daß Gerhardt niemals ein Wort gegen den Glauben des Kurfürsten und seiner Glaubensgenossen gesagt habe, »daß wir, beider Religion Zugetane, ihm wohl das Zeugnis geben können, daß er bisher einen untadelhaften Wandel gegen männiglich geführt, sogar daß Euer Churfürstliche Durchlaucht kein Bedenken tragen lassen, in dero Märckisches Gesangbuch, so unter dero hohen Namen anno 1658 allhier ausgegangen, seine geistlichen Gesänge oder Lieder, deren eine ziemliche Anzahl, in Druck zu geben. Sollte nun ein solcher frommer, geistreicher und in vielen Landen berühmter Mann diese Stadt verlassen, wäre zu besorgen, daß Gott unsere Stadt heimsuchen möchte«.

Der Kurfürst lehnte ab. Gerhardt sei einer der hartnäckigsten Gegner der Reformierten. Er habe, als ihn eine schwere Krankheit befallen, die anderen Prediger zu sich gerufen und sie »ernstlich ermahnet, den Revers nicht zu unterschreiben«. Daher müsse er darauf bestehen, daß dieser Mann sich beuge. Der Eisenkopf des Fürsten wußte, was ein Eisenkopf bedeutet! Darum verlangte er: Biegen oder brechen!

Noch einmal »sollizitierten« die Berliner beim Kurfürsten. Auch die Tischler, Messerschmiede, Huf- und Waffenschmiede, die Kuperschmiede schlossen sich an. Hart und schroff war die Antwort: »Der Rat solle die Prediger durch sein unnötiges Interzedieren in ihrem mutwilligen und unbefugten Querulieren nicht stärken!« Lächerliche Querulanten waren dem Kurfürsten die in ihrem Gewissen zu Tode geängstigten Männer!

Nun legten sich die Stände ins Mittel: Auf die hörte der Kurfürst eher. Sie erinnerten den Kurfürsten daran, daß er versprochen habe, die Reverse, die von den Geistlichen zu unterschreiben seien, zuerst ihnen, den Ständen, vorzulegen. Das sei aber nicht geschehen. Sie wagten es, die Form der im Druck erschienenen Reverse zu kritisieren. Sie baten schließlich, der Kurfürst solle die Forderung, daß die Prediger die Reverse unterschreiben müßten, aufschieben. Erst wenn er von Kleve zurückgekommen sei, möge mit den Ständen über eine andere Form beraten werden, durch die die Gewissen der Prediger nicht belastet würden. Dann erst möge er die Unterschrift unter die Reverse fordern. Schließlich baten sie den Fürsten, er möge auch Paul Gerhardt wieder in sein Amt zurückkehren lassen. Es sei erwiesen, daß er ein friedliebender Mann allzeit gewesen sei. Beide Konfessionen zollten ihm ein uneingeschränktes Lob.

Der Kurfürst hat sich in der Tat umstimmen lassen. Er schrieb den Ständen, daß er die Reversangelegenheit nach seiner Rückkunft behandeln wolle. Von Gerhardt ist kein Wort in seinem Briefe. Offenbar wollte sich der Kurfürst Zeit zur Besinnung lassen. Aber man durfte erwarten, daß er mit dem Abgesetzten glimpflich verfahren werde.

Wie mag es in der Seele des Einsamen in der Stralauer Straße ausgesehen haben? In seinem Pfarrhaus hatte man ihn belassen. Auch seine Gehaltsbezüge waren ihm nicht genommen worden. Sorgen ums Brot bedrückten ihn – wenigstens vorerst – nicht. Was mag innerlich bei ihm vorgegangen sein? Es gibt einen Brief aus seiner Hand, der einen Blick in seine Seele tun läßt. Die Gräfin Maria Magdalena zur Lippe hatte sich wiederholt nach ihm erkundigt. Sie hatte ihm eine Stelle in Aussicht gestellt, damit er sich keinen Kummer über seine Zukunft zu machen brauche. Darauf antwortete er in einem Briefe. Kein Wort des Vorwurfs gegen den Kurfürsten! Im Gegenteil – er nennt ihn »seinen ordentlichen Schutzherrn und größten Wohltäter«. Aber des Fürsten Forderung, den Revers zu unterschreiben, geht gegen »mein Gewissen, gegen mein hohes heiliges Amt und gegen mein christliches lutherisches Bekenntnis«. In der Wahl zwischen Unterschreiben und der Notwendigkeit, »meines Dienstes müßig zu gehen«, habe er die »Remotion« gewählt. Vergeblich seien die Bitten der Bürgerschaft von Berlin gewesen und »möchte auch ins künftige wohl schwerlich etwas erhalten werden«. Nun hören wir den Dichter des Liedes »Befiehl du deine Wege«:
»Ich meines Teils lasse den lieben Gott hierunter walten und bin mit seiner allerheiligsten Regierung wohl zufrieden, nachdem er mir nur das einige widerfahren lassen, daß ich mein armes Gewissen nicht kränken und betrüben dürfen. Denn was würde mirs helfen, wenn ich gleich ein Königreich, ja die ganze Welt gewinnen könnte, und sollte Schaden an meiner Seele leiden? Hingegen, was kann mir das schaden, wenn ich gleich in meinem äußerlichen und zeitlichen Wohlergehen etwas entbehren muß, wenn ich nur das schönste Gut, den köstlichen Schatz, das allerteuerste Kleinod behalte!« Er lehnt die Berufung in die Lippe-

sche Stelle bescheiden und fein ab: dies »getreue, milde Aner-
bieten, das Ew. hochgräfliche Gnaden mir nun mehr als einmal
getan. Ich werde noch ein wenig hier auswarten, nachdem mein
Gnädigster Kurfürst und Herr mich noch so gnädiglich in seinem
Land und Residenz duldet. Ist es Gottes Wille, daß ich Ihm noch
in dieser Welt wieder als öffentlicher Prediger dienen soll, will
ich Ihm gern das wenige, was noch übrig ist von meinem Leben,
aufopfern. Will Er nicht, so will ich Ihn dennoch in meiner Ein-
samkeit segnen und preisen, loben und danken, so lange sich
mein Mund regt und meine Augen offen stehen!« Da spricht der
Dichter des Verses:

> will er's wieder zu sich kehren,
> nehm er's hin:
> ich will ihn
> dennoch fröhlich ehren!

Welch ein Mann! So gar keine Märtyrerpose! Ruhig und getrost
geht er den Weg, den Gott führt. Was er getan, das hat er tun
müssen. Er hätte wie Luther sagen können: »Wehe mir, wenn ich
nicht folgte.« Darum kein Aufhebens über Menschenwerk und
Menschenschicksal. Ist es nicht, als hörte man seine Strophe aus
dem Lied *Ich hab' in Gottes Herz und Sinn mein Herz und Sinn
ergeben*:

> Das kann mir fehlen nimmermehr:
> mein Vater muß mich lieben.
> Wenn er mich auch gleich wirft ins Meer,
> so will er mich nur üben
> und mein Gemüt
> in seiner Güt
> gewöhnlich festzustehen.
> Halt ich denn stand,
> weiß seine Hand
> mich wieder zu erhöhen!

Das sind die Allerstärksten, die kein Geschrei machen, aber stehen, wo viele fallen. Erzählt man sich doch, daß damals viele Pastoren schwere Gewissensbedenken getragen hätten, den Revers zu unterschreiben. Aber Frau und Kinder seien vor ihnen auf die Knie gefallen und hätten gerufen: »Schreib, lieber Herre, schreib, daß Er bei der Pfarre bleib!« Und dann hätten sie sich gebeugt. Gerhardt hat sich nicht gebeugt. Aber seine Haltung ist nicht die des trotzigen Starrkopfes, sondern des demütigen Gotteskindes, das mit dem Vater durch dick und dünn geht, auch wenn der Weg durch die Dornen führt!

Darum ist auch eine spätere Haltung zu begreifen, die er einnahm, weil er sie einnehmen mußte: Er gab auch da nicht nach, als der Kurfürst einlenkte und ihm eine goldene Brücke zu bauen gedachte. Am 3. Januar 1667 ließ Friedrich Wilhelm dem Magistrat von Berlin mitteilen: Er habe über Paul Gerhardts Person keine Klage vernommen außer der, daß er die Edikte zu unterschreiben sich geweigert habe. Er halte also dafür, daß Gerhardt die Meinung der Edikte nicht recht begriffen habe. So wolle er ihn völlig wieder restituieren und ihm gestatten, sein Predigtamt wie vorher zu treiben. Man muß zugeben, daß dies das Alleräußerste war, wozu sich der Mann mit dem herrischen Willen verstehen konnte. Er mag sich dieses Entgegenkommen schwer abgerungen haben. Aber die Berliner, die sich vor Jubel nicht zu halten wußten – in der Sonntagszeitung »Sonntagischer Mercurius« kam eine Nachricht, die sicherlich aus dem kurfürstlichen Kabinett geschrieben war, darüber, daß »durch des Kurf. Durchlaucht des Predigers Herrn Paul Gerhardt Unschuld und Moderation gerühmt worden«, weshalb der Kurfürst »alsofort befohlen, denselbigen in sein Amt zu restituieren« – wußten nicht, daß der Geheime Sekretär, der Gerhardt die Nachricht von seiner Wiedereinsetzung gebracht hatte, ihm im Auftrag des Kurfürsten hatte mitteilen müssen: Sein Kurfürstliche Durchlaucht lebten der Zuversicht, er würde sich dennoch allemal Dero Edictis gemäß zu bezeigen wissen und alles Verketzerns und Verdammens der Reformierten sich enthalten! Das hieß mit dürren Worten: Du brauchst den Revers zwar nicht zu unterschreiben – aber du musst dich ihm gehorsam fügen! Gerhardt geriet in eine neue Not des Gewissens. Einer seiner Biographen schreibt mit Recht: »Ein lautereres, zarteres Gewissen gab es wohl nirgends in der damaligen christlichen Welt.« Es war zugleich der echte Mann, für den nicht erst die Unterschrift als Bezeugung seines Denkens gilt, sondern dem eben diese Überzeugung selber alles ist. Ob er sein Wort schriftlich oder mündlich gab, ob dies Wort ihm auch nur zugetraut wurde – das galt ihm alles eins. Er war gebunden – und er konnte sich nicht binden lassen. Und sei es ein seidener Faden, der ihn band – er band so schwer wie eine eiserne Kette. Gerhardt mußte ein freies Gewissen haben – sonst konnte er nicht leben.

Es gibt zwei Briefe von ihm, in denen diese Gewissensnot ihren erschütternden Ausdruck findet. Der eine Brief ist an den Magistrat von Berlin gerichtet: »Er wisse es nunmehr durch Gottes Gnade und habe es genugsam erfahren, was für Angst oftmals nur allein die große schwere Arbeit demjenigen Prediger, der sein Amt treulich meine, mache. Wenn er nun dazu einen nagenden Wurm seines Gewissens mit hineinbringen sollte, würde er der elendeste Mensch auf Erden sein. Was mit bösem Gewissen geschehe, das sei vor Gott ein Greuel und ziehe nicht den Segen, sondern den Fluch nach sich, womit aber weder seiner Gemeinde noch ihm geraten wäre!« Und in einem Briefe an den Kurfürsten schreibt er: »Wenn ich jetzt mein Amt wieder anträte, so würde ich eben die Wunde, die ich vorher mit so großer Herzensangst von mir abzuwenden gesucht, mir mit eigenen Händen in meine Seele schlagen. Ich fürchte mich vor Gott, in dessen Anschauen ich hier auf Erden wandle und vor dessen Gericht ich auch dermaleinst erscheinen muß. Und kann nach dem, wie mein Gewissen von Jugend auf gestanden und noch jetzt stehet, nicht anders befinden, als daß ich, wo ich auf die vorher berührte Art und Weise wieder in mein Amt treten sollte, seinen Zorn und schwere Strafe auf mich laden werde.«

Der Großvater hatte gesagt: »Lieber Amt und Beruf drangeben und mit Weib und Kind ins Elend ziehen als wider das Gewissen zu handeln und den Frieden mit Gott verlieren.« Der Enkel entschied genau so.

Der Kurfürst hatte die Sache satt. Er war bis zum Letzten gegangen – nun sah er in dem Mann, der sich immer noch nicht fügen konnte, einen Widerspenstigen, dem nicht zu helfen und zu raten sei. Und der erhalten müsse, was er wollte: die Entfernung aus dem Amt. Am 4. Februar 1667 schrieb er an den Rand der Eingabe des Magistrats: »Wenn der Prediger Paul Gerhardt das ihm von Se. Churf. Durchlaucht gnädigst wieder erlaubte Amt nicht wieder betreten will, welches er dann vor dem Höchsten Gott zu verantworten haben wird – so wird der Magistrat in Berlin ehestens einige andere friedliebende geschickte Leute zur Ablegung einer Probepredigt einladen, aber dieselben nicht vocieren, bis sie zuvörderst Sr. Churf. Durchlaucht von dero Qualitäten untertänigsten Bericht abgestattet haben!« Für den Fürsten war die Sache erledigt. Ein unbegreiflicher Trotzkopf war auf die Seite geschoben!

Nicht für Paul Gerhardt! Ihn verstand beinahe niemand. Die Bürgerschaft und der Magistrat waren verdrossen. Solche Gewissensbedenken hielten sie für übertrieben. Er hat sich zu rechtfertigen versucht, und man hört aus seinem Schreiben den Wittenberger Studiosus theologiae und den Freund des Abraham Calovius: Wenn er in seinem Amt wieder eintrete unter den Bedingungen, die ihm der Kurfürst gemacht habe, müsse er die Konkordienformel verleugnen, »sein Bekenntnis, zu welchem er von Jugend auf gezogen und gewiesen worden, in welchem er auch von Jugend auf vor Gott und vor der Welt mit gutem Gewissen gewandelt sei, und von welchem der Geist Gottes in unserem Herzen Zeugnis gibt, daß es recht und ganz heilig und christlich sei« – aber eine solche Verleugnung des Heiligsten und die Zumutung, ein solches Buch unter dem Namen »eines Schmäh-, Schänd- und Lästerbuches« von sich stoßen zu sollen, das sei doch ein »hartes, großes und schweres Werk«. Daraus geht die ganze Erschütterung seines Inneren hervor. Es ging ihm tatsächlich ums Letzte. Um Leben oder Sterben, um Himmel oder Hölle.

Es gehört zu den tragischen Geschehnissen in der Geschichte der evangelischen Kirche, daß sich zwei so aufrechte und große Männer wie der Kurfürst und der Dichter nicht verstanden haben. Nicht verstehen konnten! Auch der Kurfürst war ein wahrhaft frommer Mann. Sein Lieblingslied ist »Befiehl du deine Wege« gewesen! Es ist beinah eine tragische Ironie, daß er den Sänger dieses Liedes verstoßen mußte.

Es war der Gegensatz von Staatsräson und protestantischer Gewissensfreiheit. Der Staat verlangt Unterwerfung. Der Glaube duldet keine Schranken. Der Staat befiehlt – der Glaube, der auf Befehl horcht, ist kein Glaube. So werden immer wieder im Lauf der Geschichte Staat und Glaube des einzelnen hart gegeneinander stoßen, solange Staat Staat und Glaube Glaube ist.

Die Männer, die sich nur auf ihr Gewissen stellen können, »das in Gottes Wort gefangen ist«, werden dem Politiker immer sehr unbequem sein. Denn die verstehen die größte Kunst des Politikers nicht: die Kunst des Kompromisses! Aber so unbequem sie sind, so notwendig sind sie. Denn im letzten Grund lebt doch ein Volk davon, daß solche Männer der Innerlichkeit und Unerschütterlichkeit in ihm sind. Sie sind das Rückgrat des Volkes. Eine Kirche, die Männer wie Paul Gerhardt hat, weiß, daß sie lebt und nicht umzubringen ist!

Viel Leid, viele Lieder

Die Jahre, in denen Gerhardt durch diese harten Kämpfe hindurchmußte, waren von manchem persönlichen Leid begleitet. Zwar Mangel mußte er nicht leiden. Aber Trauer um seine Lieben begleiteten ihn sein Leben lang.

Der Sänger, der zu seinen Gedichten die Melodien geschaffen hat, Johann Crüger, starb am 23. Februar 1662. Er hat es, wie einer seiner Schüler bezeugte, beim mühseligen Schul- und Kirchendienst bis in die Grube nicht an Treue und Fleiß fehlen lassen. M. Johannes Heinzelmann hatte von ihm gesagt: »Ich muß eines Mannes in Ehren gedenken, der, hätte er zur königlichen Kunst auch königliche Unterstützung, keinem der Alten und Italiener nachstehen würde. Das ist mein treuer Amtsgenosse Crüger, nicht bloß Vorsänger, sondern wahrhaftiger Meister des Gesanges und der Komposition, der mit den übrigen Heroen in der Musik diese seine göttliche Wissenschaft nach und nach mit den trefflichsten Leistungen bereichert hat, wenn nur auch die Hörer sein Streben mehr aufmuntern und neben dem Ruhme zugleich die Mittel zu einem sorgenfreien Leben ihm zuteil werden ließen.« Crüger fand seine Ruhestätte in der Nikolaikirche, wo bis 1944 sein Bild hing.

Schwer hatte der Dichter an der Krankheit seiner Gattin zu tragen. Sie war seit der Geburt des Söhnchens Paul Friedrich leidend. Noch einmal gab sie einem Kinde das Leben, es starb jedoch bald nach der Geburt. Dann wuchs sich ihr Brustleiden zu unheilbarem Siechtum aus. Zwei Ärzte, darunter der damals weitbekannte Hofarzt des Kurfürsten, Dr. Martin Weise, mühten sich um sie. Aber sie vermochten die Schwindsucht nicht mehr zu bannen. Rührend ist die Geschichte ihres Heimgangs. Der Gatte sah, wie es mit ihr zum Letzten ging. Er wollte sie gern auf die Todesstunde vorbereiten, ohne sie zu erschrecken. Darum fragte er sie, ob es ihr recht sei, daß er in der Wochenpredigt die Gemeinde zur Fürbitte für sie aufrufen wolle. Er sehe, daß sie sehr schwach sei. Und – man spürt förmlich das Zittern in seiner Stimme – er wolle ihren Beichtvater Lorentz bitten, ihr das heilige Abendmahl zu reichen. Die Kranke hing an Mann und Sohn. Ist es ein Wunder, daß sie meinte, wenn sie auch etwas schwach sei, hoffe sie doch, es solle keine Not mit ihr haben? Aber zum Empfang des heiligen Abendmahls schmückte sie sich, wie sie sonst gewohnt war; in weißer Gewandung lag sie, andächtig in ihrem Gebetbuch lesend. So empfing sie das heilige Mahl. Danach sagte sie zu ihrer Schwester, der Witwe des Archidiakonus Fromm: »Ich habe es nicht gewusst, daß mir der Tod so nahe sei, wie ich jetzt sehen muß. Aber bekümmere dich nicht! Es ist doch nichts Gutes in der Welt. Wir wollen bald wieder zusammenkommen.« Dann ließ sie alle hereinrufen, dankte jedem einzelnen für seine Liebe, legte ihrem Mann den von ihren fünf Kindern allein übriggebliebenen Sohn Paul Friedrich ans Herz und ermahnte den noch nicht Sechsjährigen zum Gehorsam gegen den Vater. Als das Kind sie weinend bat, doch nicht zu sterben, sondern bei ihm zu bleiben, tröstete sie es mit dem schönen Garten, »da die lieben Englein und so viel guter Freunde drin wären, da wollten sie schon einander wiedersehen«. Ihr Mann fragte sie, ob sie große Angst im Herzen habe. Nein, Angst habe sie nicht, wünsche aber doch, daß der liebe Gott bald kommen und sie erlösen wolle. Dann bat sie ihn, ihr doch aus ihrem geschriebenen Gesangbuch die Sterbe- und Passionslieder vorzulesen. Und der Dichter der großen Trostchoräle wird wohl seiner eigenen Frau gelesen habe:

> Wenn ich einmal soll scheiden,
> so scheide nicht von mir;
> wenn ich den Tod soll leiden,
> so tritt du dann herfür;
> wenn mir am allerbängsten
> wird um das Herze sein,
> so reiß mich aus den Ängsten
> kraft deiner Angst und Pein.

Am 5. März 1668 ist sie dann heimgegangen. Sie wurde neben all den Ihren, Eltern und Kindern, in der Nikolaikirche hinter der

Kanzel beigesetzt, auf der ihr Mann nicht mehr stehen durfte. Ihr Neffe, der Kandidat Andreas Joachim Fromm, hat ihr die Leichenrede gehalten. »Sie war eine liebende, helfende Freundin und tröstende Priesterin. Nur um die Predigt zu hören, Kranke und Bedürftige zu besuchen oder Heimgegangene zu ihrer letzten Ruhe zu begleiten, verließ sie ihr Haus. Und sah man sie auf der Gasse, dann spiegelte Demut und Sittsamkeit sich in allen ihren Gebärden«. Ihrem Mann war sie, vor allem in der harten Kampfzeit, eine überaus treue Gefährtin, da »sie in all ihr Kreuz, es sei gewesen, was es wolle, sich sehr wohl zu schicken gewußt, also, daß sie nicht allein sich selbst aus Gottes Wort kräftiglich aufgerichtet, sondern auch ihrem Herrn zu mehreren Malen ein Herz eingesprochen und mit freundlichen Worten und holdseligen Gebärden ihn getröstet und gestärkt hat und eben darin wird er hinfort ihren Beistand am meisten vermissen«.

Es wurde einsam um den Alternden. In sein Haus zog seine Schwägerin, die Witwe Fromm. Er dichtete nur noch selten. Die Trauergeister wichen nicht mehr wie früher vor dem Freudenmeister. Und doch war der Klang des Singens nicht ganz verschollen.

Crügers Praxis pietatis melica erschien in mehreren Auflagen und brachte beinah alle Lieder, die Gerhardt gedichtet hatte. Nach Crügers Tod wurde ihm ein neuer Sänger geschenkt, der ihm mehrere seiner Lieder vertont hat, darunter das trutzvolle »Warum sollt ich mich denn grämen«: Johann Georg Ebeling hieß er. Er war ein geborener Lüneburger und kam als Nachfolger Crügers an die St. Nikolaikirche, an der er sechs Jahre lang gewirkt hat. Er wurde Gerhardt ein vertrauter Freund. Der Dichter hat bei einem der Kinder Ebelings Pate gestanden.

Ebeling hat eine wichtige Tat getan, für die wir ihm nicht genug danken können. Er hat eine Sammlung der Gerhardt-Lieder herausgegeben und seine eigenen Melodien dazu geschrieben. Zuerst erschienen zehn Hefte, von denen jedes zwölf Lieder enthielt. Dann kam ein Gesamtband heraus unter dem Titel »Pauli Gerhardi Geistliche Andachten«. Neben den Liedern standen noch Gebete in dem Buch, das in einer späteren Ausgabe (1671) den Titel »Evangelischer Lustgarten Herrn Pauli Gerhardts« erhielt. Die

Gesamtausgabe seiner Lieder ist also mitten in den schweren Kampf- und Leidensjahren erschienen. Sie muß des Dichters stille Freude gewesen sein. In das Lärmen des Streites tönten leise die Klänge seines Lebens hinein, und die Seele des Dichters wurde über die herbe Not, die er erleiden mußte, in die Welt des Friedens und der Versöhnung hinausgeführt. Ohne Zweifel hat der Dichter dem Herausgeber zur Seite gestanden. Mehrere der Lieder, die bisher schon in Crügers Praxis pietatis melica erschienen waren, haben Strophen dazu erhalten. Viele Lieder, die noch unveröffentlicht waren, sind jetzt in den Druck gegeben worden. Ebelings Verdienst ist es, daß wir 120 Lieder Gerhardts in dieser Sammlung beieinander haben. Eigenartig erscheint, daß man von der Theologischen Fakultät in Greifswald ein Gutachten einholte und sich ausdrücklich bescheinigen ließ, daß »alles nach dem Wort Gottes eingerichtet und dabei kein synkretistisches Wesen eingemischt« sei! Dabei sagen die gelehrten Herren ausdrücklich, daß dieser Dichter »um der Verwerfung des Synkretismi willen sein Predigtamt habe verlassen müssen«!

Lassen wir auch aus dieser Sammlung einige Lieder an uns vorüberziehen. Aus dem Mittelalter gab es eine Reihe von geistlichen Liedern in lateinischer Sprache. Es waren Lieder, die man »Salvelieder« nannte, weil sie alle mit »salve« begonnen haben: »Sei gegrüßt!« Sie waren auf die Gliedmaßen des leidenden Christus gedichtet. Sieben Lieder im Ganzen (Füße, Hände, Seite, Brust, Herz, Angesicht). Gerhardt hat sie in das Deutsche übertragen. Aber es ist mehr daraus geworden als eine Übertragung. Eine neue Dichtung! Was die mittelalterlichen Dichter in tiefer Inbrunst erlebt haben, ist auch Gerhardts ehrfürchtiges Beugen vor dem Wunder des Kreuzes. Aber es ist ins Deutsche und ins Evangelische übergegangen. Darum sind vor allem zwei von diesen Liedern Dichtungen, die aus dem evangelischen Glauben heraus geworden sind. Man muß die erste Strophe des Salveliedes an die Füße lesen:

> Sei mir tausendmal gegrüßet,
> der mich je und je geliebt,
> Jesu, der du selbst gebüßet

das, womit ich dich betrübt.
Ach, wie ist mir doch so wohl,
daß ich knien und liegen soll
an dem Kreuze, da du stirbest
und um meine Seele wirbest.

Die großen Maler der Renaissancezeit haben mit besonderer Vorliebe Maria Magdalena zu Füßen des Kreuzesstammes gemalt und oft »die große Sünderin« dargestellt, wie sie die Arme um den Kreuzesstamm schlingt und inbrünstig die Füße des Hangenden küßt. Auch Gerhardt hat dichten können:

Ich umfange, herz' und küsse
der gekränkten Wunden Zahl
und die purpurroten Flüsse,
deine Füß' und Nägelmal' –

Aber er setzt hinzu:

O, wer kann doch, schönster Fürst,
den so hoch nach uns gedürst't,
deinen Durst und Liebsverlangen
völlig fassen und umfangen?

Er entreißt sich aller Mystik und Sinnesglut. Ihm ist die Anbetung des Frommen zu eigen, der vor dem Heiligen und Hohen in die Knie sinkt. Das Ausmalen der blutenden Füße verschwindet. Das Abstoßende in diesen Schilderungen macht dem heiligen Erbarmen Platz, das aus dem Herzen des Erlösers quillt:

Schaue meiner Hände Falten,
und mich Armen freundlich an
schau vom hohen Kreuzesstamm
auf mich nieder, Gotteslamm,
sprich: Laß all dein Trauern schwinden,
ich, ich tilge deine Sünden.

Es mag nüchterner klingen als die leidenschaftlichen Verse der mittelalterlichen Dichter. Aber es ist die schlichte und wahrhaftige evangelische Botschaft, die in dankbarer Freude von Gerhardt verkündigt wird. Das Triumphlied des Begnadeten tritt an die Stelle der frommen Phantasien. Das bedeutendere Lied aus den »Salve«-Liedern ist ihm aber in dem Gesang »Auf das leidende Angesicht Jesu Christi« geschenkt worden. Es ist und bleibt das Passionslied ohnegleichen. Neben dem Erlösungslied vom »Lämmlein, das unsere Schuld träget«, steht das Lied *O Haupt voll Blut und Wunden* als das Bekenntnis der erlösten Gemeinde zu dem Herrn am Kreuz. Was am Karfreitag jedes empfängliche Herz durchlebt an Not und Triumph, ist hier zum vollen Klang gekommen.

In der Kirche St. Moritz in Mittenwalde steht ein Schnitzaltar aus der katholischen Zeit. An der Predella (unterer Altarteil) ist das Schweißtuch der Veronika aufgemalt. Von dort schaut »das Haupt voll Blut und Wunden« zu dem Geistlichen, wenn er zum Gebet an den Altar tritt. Gerhardt wird auch jenen mächtigen Holzschnitt von Albrecht Dürer gekannt haben, in dem das Antlitz des Dorngekrönten in der furchtbaren Not des Schmerzes und doch zugleich in der göttlichen Hoheit des Erlösers den Beschauer anblickt.

In Gerhardts Lied ist dies Doppelte Einheit geworden: »Erniedrigte sich selbst bis zum Tod am Kreuz« – und »Gott hat ihn erhöht und ihm den Namen gegeben, der über alle Namen ist.«

> Du edles Angesichte,
> davor sonst schrickt und scheut
> das große Weltgewichte,
> wie bist du so bespeit?

Nur in dem Kreuzesbild Grünewalds, im Isenheimer Altar, ist dies Schauern vor dem Unmenschlichen, Sinnlosen, Frechen und Lästerlichen der Kreuzigung so zum Ausdruck gekommen. Dort ist das »bespeite Antlitz«.

Die Farbe deiner Wangen,
der roten Lippen Pracht
ist hin und ganz vergangen:
des blassen Todes Macht
hat alles hingenommen ...

Wie kann hier noch ein Mensch bestehen? Aber es kommt kein
Geschrei über die »verkehrte Welt«, die so völlig gottverlassen
ist, daß sie den Frevel der furchtbarsten Schmähung Gottes be-
geht. Vor dem Kreuz gibt es nur eine Haltung: die des Zöllners.
Gott, sei mir Sünder gnädig! Und – o welches Wunder! – das
Antlitz des Gemarterten verändert sich. Der von den Sündern
Verstoßene wandelt sich um in den Freund der Sünder:

Dein Mund hat mich gelabet
mit Milch und süßer Kost,
dein Geist hat mich begabet
mit mancher Himmelslust.

Das ist der Heiland, der für seine Feinde betet und dem Schächer
sein Trostwort zuruft. Und der Sünder am Fuß des Kreuzesstammes wird von diesen ausgebreiteten Heilandsarmen emporgezo-
gen:

Es dient zu meinen Freuden
und tut mir herzlich wohl,
wenn ich in deinem Leiden,
mein Heil, mich finden soll.

Das Kreuz, das Bild grausamer Marter, wird zur Zuflucht aller
Verzweifelten und Geängstigten. An seinem Fuß das Leben ge-
ben zu dürfen – welche Seligkeit!
Darum erscheint das Bild des eigenen Sterbens, und ein heiliger
Klang ertönt innig und stark zugleich, der Vers, der in Bachs
Matthäuspassion das tiefe Schweigen der Ergriffenen schafft:

Wenn ich einmal soll scheiden,
so scheide nicht von mir.

Als der Weinende am Bett seiner sterbenden Gattin stand und ihr letzter Seufzer um baldige Erlösung kam, da mag es durch sein bekümmertes Herz gegangen sein:

Erscheine mir zum Schilde,
zum Trost in meinem Tod
und laß mich sehn dein Bilde
in deiner Kreuzesnot.
Da will ich nach dir blicken,
da will ich glaubensvoll
dich fest an mein Herz drücken.
Wer so stirbt, der stirbt wohl.

Und der Friede vom Kreuz her umschwebte die Sterbende und das Herz des Mannes, der so gern die Arme ausgebreitet hätte, um sie zu halten.

Neben dies Bild der Versöhnung durch das göttliche Kreuzesleiden möchte ich das Bild des Triumphes stellen, das in dem Pfingstlied *Zeuch ein zu deinen Toren* erscheint. Es ist trotz seiner Länge – es umfasst 16 Strophen – wohl das kraftvollere Pfingstlied der evangelischen Kirche. Ich stelle es höher als das klassisch gewordene Lied: »O heil'ger Geist, kehr bei uns ein!« Schon der Beginn ist groß. Die Menschenwelt, das Menschenherz in der Erwartung des Kommenden!

Advent und Pfingsten reichen sich die Hände: Anfang und Ende des Kirchenjahres bilden einen güldenen Reif, der sich hier in diesem Lied schließt. In die geöffneten Tore zieht der Geist ein, der schon in der Taufe den Glaubenden in Gottes Welt hineingeboren hat. Darum die Erinnerung an die Zeit, da Gott fern war von dem armen Menschengeschlecht.

Ich war ein wilder Reben,
du hast mich gut gemacht,

der Tod durchdrang mein Leben,
du hast ihn umgebracht
und in der Tauf' erstickt
als wie in einer Flute,
mit dessen Tod und Blute,
der uns im Tod erquickt.

Pfingsten die Krönung von Karfreitag!
Und dann der Lobpreis der Wundertaten, die der Geist vollbringt:

Du bist das heilig Öle,
dadurch gesalbet ist
mein Leib und meine Seele
dem Herren Jesu Christ.

Du bist ein Geist, der lehret,
wie man recht beten soll:
dein Beten wird erhöret,
dein Singen klinget wohl.

Und herzlich klingt die Freude in Gottes Licht und Kraft:

Du bist ein Geist der Freuden,
von Trauern hältst du nicht,
erleuchtest uns im Leiden
mit deines Trostes Licht.

Ach ja, wie manches Mal
hast du mit süßen Worten
mir aufgetan die Pforten
zum güldnen Freudensaal.

Wie leuchtet dieses Bekenntnis hinein in all die Nächte, durch
die des Dichters Leben geführt worden ist. Dann bewegt's ihm
das Herz, wenn er hinausblickt in die friedlose Welt. Die Erinnerung an die Greuel des großen Krieges steigt auf:

Erhebe dich und steure
dem Herzleid auf der Erd,
bring wieder und erneure
die Wohlfahrt deiner Herd.
Laß blühen wie zuvor
die Länder, so verheeret,
die Kirchen so zerstöret
durch Krieg und Feuerszorn.

Wie immer ist der letzte Augenblick in die Welt Gottes, in der alles Sterben sich zum Leben wandelt.

Wenn's mit uns hier wird aus,
so hilf uns fröhlich sterben
und nach dem Tod ererben
des ew'gen Lebens Haus.

Zur Weihnachtszeit sind noch zwei Lieder gekommen.
Ein beliebtes Weihnachtslied des Mittelalters war der »Quempas«. Kinder zogen in den Straßen und sangen ihn vor den Türen:

Quem pastores laudavere,
quibus angeli dicere:
absit vobis iam timere,
natus est rex gloriae!

(Den Hirten lobten sehre
und die Engel noch viel mehre:
Fürcht' euch fürbass nimmer mehre,
euch ist geborn ein König der Ehrn.)

Gerhardt wandelt es um in eine ganz schlichte Weise:

Kommt und lasst uns Christum ehren,
Herz und Sinnen zu ihm kehren:
singet fröhlich, lasst euch hören,
wertes Volk der Christenheit!

Dieser Sang klingt, als sei er aus der Lutherzeit gekommen:

> Sünd und Hölle mag sich grämen,
> Tod und Teufel mag sich schämen,
> wir, die unser Heil annehmen,
> werfen allen Kummer hin.

> Schönstes Kindlein in dem Stalle,
> sei uns freundlich, bring uns alle
> dahin, da mit süßem Schalle
> dich der Engel Heer erhöht.

So haben sie im frühen Mittelalter gesungen von der curia regis, da die Engel singen ihre nova cantica, und mit Verlangen gerufen: Eia, wär'n wir da!
Aus solchen Tiefen sind dem Sänger seine Melodien geflossen. Dann kam eine Übersetzung aus dem Lateinischen (qui adstatis, adspiratis). War doch trotz allen Widerspruchs gegen das »läppische Wesen« in der evangelischen Kirche Sitte geblieben, an Weihnachten das »Kindelwiegen« aufzuführen. Schüler hatten eine Wiege, in der das Christkind in Puppengestalt lag, und schwangen sie an langen Bändern vom Orgelchor herab hin und her. Dazu wurde das »Kindel-Wiegen-Liedlein« gesungen. Gerhardts Übersetzung hat dies Lied zu einem Kinderweihnachtslied umgestaltet. Wie schade, daß wir es nicht unterm Kerzenbaum singen!
Gerhardt hat den lateinischen Text in einem Melodienbuch gefunden, das der erzherzogliche Kapellmeister Johann Stadlmayr in Innsbruck an Neujahr 1638 herausgegeben hat. In diesem Buch ist unter anderen Weihnachtsliedern auch dies Christ-Wiegen-Lied. Aus welcher Zeit es stammt, wer es gedichtet hat, weiß man nicht.

> Alle, die ihr Gott zu Ehren
> unsre Christlust wollt vermehren,
> eya, eya,
> steht und hört vor allen Dingen
> Gottes Mutter fröhlich singen

bei dem Kripplein ihres Sohns:
Eya, eya, schlaf und ruhe,
schlaf, schlaf, liebes Jesulein!

Schlaf, mein Krönlein, Licht und Leben!
Was dir lieb, will ich dir geben.
Eya, eya.
Schlaf, du Ausbund aller Gaben!
Laß dich speisen, laß dich laben
bei der armen Krippen hier.
Eya, eya, schlaf und ruhe,
schlaf, schlaf, du mein Ehr' und Ruhm!

Schlaf, o bestes aller Güter,
schlaf, o Perle der Gemüter!
Eya, eya.
Schlaf, mein Trost, dem nichts zu gleichen,
Mich und Honig muß dir weichen,
schlaf, du edler Herzensgast!
Eya, eya, schlaf und ruhe,
schlaf, schlaf, werte Lilienblum!

Ich will dir dein Bettlein zieren,
ganz mit Blumen überführen.
Eya, eya!
Schlaf, du Lust, die wir erwählen,
schlaf, du Paradies der Seelen,
schlaf, du wahres Himmelsbrot!
Eya, eya, schlaf und ruhe,
schlaf, schlaf, Heiland aller Welt!

So sind schon vor Jahrhunderten Eltern und Kinder andächtig
vor dem Wunder der Krippe gestanden – und aus dem Lied Gerhardts blickt es wie das Auge von seligen Kindern. Das ist die
Sprache aller Kindesherzen, sooft die Botschaft kommt: Ihr wer-
det finden das Kind in der Krippe liegend! Hier umfassen sich alle christlichen Bekenntnisse zu einem einzigen Kindeslied!

In der Ebelingschen Sammlung findet sich zum erstenmal das Morgenlied *Die güldne Sonne* – die Perle der evangelischen Morgenlieder. Es gibt ein Bild von Moritz von Schwind. Ein junges Mädchen öffnet in der Morgenfrühe die Fenster und blickt hinaus in den glänzenden Morgen. Über sie hinweg flutet das Licht und spielt auf den Scheiben, auf dem Messingbeschlag der Kommode, malt Kringel auf den Fußboden. Sooft ich das Bild sehe, geht mir's durch den Sinn:

> Die güldne Sonne
> voll Freud' und Wonne
> bringt unsern Grenzen
> mit ihrem Glänzen
> ein herzerquickendes liebliches Licht.
> Mein Haupt und Glieder,
> die lagen darnieder,
> aber nun steh' ich,
> bin munter und fröhlich,
> schaue den Himmel mit meinem Gesicht.

Schon der Rhythmus dieser Verse hat etwas an sich von dem fröhlichen Spiel der Sonnenstrahlen. Ist es nicht, als sähe man sie durch das Laub der Bäume spielen, die der Morgenwind leise bewegt, auf dem Spiegel des Flusses tanzen, dessen Wellen sich leise kräuseln, daß aus tausend Augen das Licht neckisch zu blicken scheint? Aber dann flutet dies Licht über die ganze Welt hinaus und will das Leben füllen mit seinem edlen Schein. Dankopfer steigt aus der Seele des Glücklichen:

> Dankbare Lieder
> sind Weihrauch und Widder,
> an welchem er sich am meisten ergötzt.

Der ganze Tag wird von der ewigen Gottessonne erleuchtet:

> Abend und Morgen
> sind seine Sorgen,
> segnen und mehren,

Unglück verwehren,
sind seine Werke und Taten allein.
Wenn wir uns legen,
so ist er zugegen.
Wenn wir aufstehen,
so läßt er aufgehen
über uns seiner Barmherzigkeit Schein.

Wie kann's anders sein, als daß auch in dem Herzen des Sängers alles Licht wird und Finsternis schwinden muß?

Laster und Schande,
des Satanas Bande,
Fallen und Tücke
treib ferne zurücke.

In Gottes Licht kann so etwas wie Neid und Scheelsucht nicht bestehen. So kommt's treuherzig heraus – man glaubt, auf dem Dorf oder in der Kleinstadt zu sein, wo Nachbar neben Nachbar wohnt und einer weiß, wie es dem anderen geht:

Laß mich mit Freuden
ohn' alles Neiden
sehen den Segen,
den du wirst legen
in meines Bruders und Nähesten Haus.

Über den Dachfirst des Nachbarn geht der Blick weiter. Warum rennen nach Gut mit Sünde? Ist doch das Leben im Hui zu Ende. Eines der gewaltigen Worte des Dichters kommt, gemeißelt wie eine Bild von Granit:

Menschliches Wesen, was ist's gewesen?
In einer Stunde
geht es zugrunde,
sobald das Lüftlein des Todes drein bläst.

Wir sind in der Welt, in der die Totentänze an die Häuserwände gemalt worden sind, ein ehernes memento mori, das der Mensch jener Zeit ertrug und im besinnlichen Herzen erwog, während der Mensch unserer Tage, noch viel mehr ein Raub des schnellfüßigen Todes, dem Todesgedanken ausweicht.

Der Dichter weiß, warum er diesem »Allesvernichter« ruhig ins Antlitz schauen kann:

> Alles vergehet,
> Gott aber stehet
> ohn' alles Wanken:
> seine Gedanken,
> sein Wort und Wille hat ewigen Grund.

Vor ihm gilt menschliches Wesen sowenig als menschliches Schaffen. Alles, was Mensch heißt, muß aus seiner Gnade leben ganz allein:

> Gott, meine Krone,
> vergib und schone,
> laß meine Schulden
> in Gnad' und Hulden
> aus deinen Augen sein abgewandt.

Das ist dem Dichter natürlich – er muß sich geborgen wissen in dem ewigen Erbarmen. Dann mag kommen, was will!

> Gott ist das Größte,
> das Schönste und Beste,
> Gott ist das Süß'ste
> und Allergewiß'ste,
> aus allen Schätzen der edelste Hort.

So kommt's herüber aus uralter Psalmendichterzeit: »Wenn ich nur dich habe ...«

Willst du mich kränken,
mit Galle tränken,
und soll von Plagen
ich auch was tragen,
wohlan, so mach es, wie dir es beliebt.

Da steht der schwere Wolkenschatten über dem lachenden Land,
und das Gewitter grollt von ferne. »Wo bist du, Sonne, blieben?«
hatte einst sein Abendlied gefragt. Aber

Kreuz und Elende,
das nimmt ein Ende;
nach Meeresbrausen
und Windessausen
leuchtet der Sonnen gewünschtes Gesicht.

Um den Abend wird es licht sein. Und über dem Tag, der im
Licht sich aufgeklärt hat, schaut »jene Sonne«:

Freude, die Fülle
und selige Stille
hab' ich zu warten
im himmlischen Garten.
Dahin sind meine Gedanken gericht't.

Dies Leuchten der ewigen Sonne scheint in einem weiteren Liede,
in dem man des Dichters Lebensnot und Lebenssieg wie in keinem anderen spürt. So wenig wir über die Entstehungszeit der Lieder Gerhardts wissen – hier ist's, als ob die Zeit des tiefen Dunkels mit all ihrem Herzweh hinter allem Singen steht. Es ist eines
der innigsten Lieder Gerhardts. Nicht im eigensten Sinn »poetisch«. Die Bilder, die sonst ungesucht in seine Verse hereinfließen
und sie leuchtend machen, fehlen hier. Die Verse gehen mit einer
gefassten »Sachlichkeit«. Ein Bericht des Dichters über die Kräf-
te, die ihn getragen haben, als alles von ihm gewichen zu sein
schien. Beinah nüchtern – aber von einer tiefen Wahrhaftigkeit.

Gib dich zufrieden und sei stille
in dem Gotte deines Lebens.
In ihm ruht aller Freuden Fülle,
ohn ihn mühst du dich vergebens.
Er ist dein Quell
und deine Sonne,
scheint täglich hell
zu deiner Wonne.

Dieser Ruf »gib dich zufrieden« schließt jede Strophe. Es ist des
Dichters Händedruck, der unsere Hände faßt, als wollte er mit
uns gehen und immer auf die eine Weisheit deuten, die ihm die
Weisheit aller Weisheiten geworden ist: stille zu werden in dem
ewigen Gotteswillen. Die Gedanken, die Gerhardt darin aus-
spricht, gemahnen vielfach an »Befiehl du deine Wege«. Aber
man spürt dahinter die Illustration des eigenen Erlebens.

Er zählt den Lauf
der heißen Tränen
und faßt zuhauf
all unser Sehnen.

Ist das nicht der Mann, der am Grab seiner Eheliebsten stand?
Und dessen Herzeleid niemand sehen durfte?

Wenn gar kein Einger mehr auf Erden,
dessen Treue du darfst trauen,
alsdann will er dein Treuster werden
und zu deinem Besten schauen.

Spricht da nicht der Einsame, dessen »Hartnäckigkeit« im Bekennen auch die Nächsten und Treusten nicht mehr verstehen
konnten?

Laß dich dein Elend nicht bezwingen,
halt an Gott, so wirst du siegen,

ob alle Fluten einhergingen,
dennoch mußt du oben liegen.

Da ist dies trutzige »Dennoch«, das des Dichters Losung gewesen ist.

Nimm nicht zu Herzen, was die Rotten
deiner Feinde von dir dichten.
Laß sie nur immer weidlich spotten,
Gott wird's hören und recht richten.
Ist Gott dein Freund
und deiner Sachen,
was kann dein Feind,
der Mensch, groß machen?

So hatte es in dem Lied »Warum sollt' ich mich denn grämen« geheißen: »Satan, Welt und ihre Rotten – können mir – nichts mehr hier – tun als meiner spotten!« Hinter diesem Bekenntnis aber scheinen wirklich erlebte Feindseligkeiten zu stehen. Sind es jene Räte des Kurfürsten, die über des Gerhardt Trotzköpfigkeit lamentieren und ihn als den Widerspenstigsten unter all den Berliner Geistlichen anklagten?
Und in der gefaßten Haltung, die dem Kreuz weder ausweicht noch das Kreuz als ungerecht schilt, weist sich der Erprobte:

Es kann und mag nicht anders werden:
alle Menschen müssen leiden.
Was webt und lebet auf der Erden,
kann das Unglück nicht vermeiden.
Des Kreuzes Stab
schlägt unsre Lenden
bis in das Grab:
da wird sich's enden.

Klingt das nicht wie Resignation? Nach der Melodie »es ist im Leben häßlich eingerichtet, daß bei den Rosen gleich die Dornen stehn«? Zu diesem modernen »Weltschmerz« kann ein Gerhardt sich nicht bekennen, weil über der erfahrenen Wirklichkeit des Leides etwas Großes und Herrliches steht: das ist das Wort »Erlösung«.

Es ist ein Ruhetag vorhanden,
da uns unser Gott wird lösen:
er wird uns reißen aus den Banden
dieses Leibs und allem Bösen.
Es wird einmal der Tod herspringen
und aus der Qual uns sämtlich bringen.

Er wird uns bringen zu den Scharen
der Erwählten und Getreuen,
die hier mit Frieden abgefahren,
sich auch nun im Frieden freuen,
da sie den Grund,
der nicht kann brechen,
den ew'gen Mund
selbst hören sprechen:
Gib dich zufrieden.

Aus dem Reich der Vollendung heraus klingt die Stimme des Überwinders selbst hinein in die Scharen, die durch sein Blut überwunden haben, und trägt in ihr wundes Herz den Friedensgruß der Stille. Als ob das Bild der Offenbarung erfüllt vor uns stände von denen, die da kommen sind aus vieler Trübsal und ihre Kleider helle gemacht haben im Blute des Lammes.
Eben dieses Bild hat dem Dichter den Anlaß gegeben zu dem Lied, das in die »güldne Himmelswelt« hineinschaut:

Johannes sahe durch Gesicht
ein edles Licht
und liebliches Gemälde:
er sah ein Haufen Völker stehn
sehr hell und schön
im güldnen Himmelsfelde!

Sie trugen Palmen in der Hand,
ihr Ort und Stand
war vor des Lammes Throne.
Ihr Mund war voller Lob und Preis,
die Kleider weiß,
ihr Lied im höhern Chore
klang süß und sang
des Höchsten Dank,
und dieser Stimm
half um und um
der Engel heilge Krone!

Die eherne Gewalt der Schrift hat der Dichter in ein zarteres Singen umgewandelt. Das Sturmlied, das ein Luther aus dieser Himmelswelt heraus gedichtet hätte, war ihm nicht gegeben. Aber in
diesen weicheren Klängen sind Verse von lieblichem Wohllaut:

Daselbest sitzt Gott in seinem Haus
und breitet aus
die Hütte seiner Güte
und deckt mit sanfter Wollust zu
in stiller Ruh
manch trauriges Gemüte.
Was Freude gibt,
dem Herzen liebt,
die Augen füllt,
das Sehnen stillt,
steht da in voller Blüte!

Letzte Fahrt

In Berlin saß ein einsamer Mann. Der »Fall Paul Gerhardt« geriet sehr schnell in Vergessenheit. Das Leben ging darüber hinweg. Der Kurfürst war milder geworden. Als seine innig fromme Luise Henriette gestorben war, heiratete er 1668 die lutherische Prinzessin Dorothea von Holstein. Seine bisherigen calvinistischen Ratgeber verloren ihren Einfluß. Es gab viele in Berlin, die nichts mehr davon wußten, daß da einer amtslos saß, der unerschrocken für die Freiheit seiner evangelischen Überzeugung gestritten hatte. Ohnehin gab es der »Exules«, der um des Glaubens willen Verbannten, genug in jener Zeit. An die Stelle des »Abgesetzten« kam ein neuer Diakonus nach St. Nikolai. Gerhardt merkte, daß seines Bleibens in Berlin nicht mehr lange sein könne.

Was ihn in solchen Zeiten aufrechterhalten hat, das waren die Quellen, aus denen viele seiner Lieder geflossen sind: die Psalmen und Johann Arndts »Paradiesgärtlein«, das er stets neben sich liegen hatte. Daraus floß ihm in immer neuer Frische Glaubensmut und Leidensfreudigkeit zu, und so mag manch eines seiner eigenen Lieder ihm jetzt ein Paradies geworden sein, in dem seine Seele aus dem lauteren Strom des Lebens Erquickung schöpfen durfte. Wie wundersam klangen in die Verlassenheit des stillen Klausners in der Stralauer Straße die Verse, die er früher geschrieben hatte (aus *Jesu, allerliebster Bruder*):

> Ach, wie untreu und verlogen
> ist die Liebe dieser Welt:
> ist sie jemand wohlgewogen,
> währts nicht länger als sein Geld.
> Wenn das Glück uns fügt und grünet,
> sind wird schön und hübsch bedienet.
> Kommt ein wenig Ungestüm,
> kehrt sich alle Freundschaft um.

Gute Freunde sind wie Stäbe,
da der Menschen Gang sich hält,
daß der schwache Fuß sich hebe,
wann der Leib zu Boden fällt:
Wehe dem, der nicht zum Frommen
solches Stabes weiß zu kommen.
Der tut einen schweren Lauf,
wenn er fällt, wer hilft ihm auf?

Daneben stehen die Lieder von der Liebe Jesu Christi, die in dem Gebetsleben Johann Arndts eine heilige Macht bedeutet. Und hier hat Gerhardts Dichten eine verwandte Saite angeschlagen, jene innige Liebe zu dem – wie später Michael Hahn ihn genannt hat – »Seelenfreund der Seinen«. Töne rauschen auf, die an die späteren Lieder des Pietismus grenzen: Sie haben den Bedrückten sicherlich getröstet in jener Zeit der Unsicherheit seiner Zukunft (aus *O Jesu Christ, mein schönstes Licht*):

Mein Trost, mein Schatz, mein Licht und Heil,
mein höchstes Gut und Leben,
ach nimm mich auf zu deinem Teil,
dir hab ich mich ergeben.
Denn außer dir ist lauter Pein,
ich find hier überalle
nichts denn Galle.
Nichts kann mir tröstlich sein,
nichts ist, das mir gefalle.

Was ist's, o Schönster, das ich nicht
in deiner Liebe habe?
Sie ist mein Stern, mein Sonnenlicht,
mein Quell, da ich mich labe,
mein süßer Wein, mein Himmelsbrot,
mein Kleid vor Gottes Throne,
meine Krone,
mein Schutz in aller Not,
mein Haus, darin ich wohne.

Das sind ganz einfache Herztöne, die hier sprechen. Und doch spürt man, wie das Herz dabei überquillt vor Freude und Seligkeit, die alles »Gallenbittere« dieses armen Lebens in Süße umzuwandeln versteht.

Dazu kommen seine Psalmen. Freilich – es sind ihrer viele, die zu sehr bloße »Nachdichtungen« sind. Die Wucht der Bibelsprache ist in den Versen Gerhardts gedämpft. Was in dem Lutherdeutsch in mächtiger Rüstung einherschreitet, ist bei dem Dichter manchmal in ein idyllisches Schäferkleid gehüllt, das zu den herzerschütternden Himmelsstürmen der Psalmendichter nicht recht passen will. Wer den 42. Psalm kennt, dem kann Gerhardts Vers nicht genügen:

> Wie der Hirsch in großen Dürsten
> schreiet und frisch Wasser sucht,
> also sucht dich Lebensfürsten
> meine See in ihrer Flucht.
> Meine Seele brennt in mir,
> lechzet, dürstet, trägt Begier
> nach dir, o du süßes Leben,
> der mir Leib und Seel gegeben!

Hier fehlt der eigene Ton, der dem Dichter dann gegeben ist, wenn er aus dem eigenen Erleben heraus singt. Es ist ein Übersetzen des Bibelwortes in das Versmaß. Ein Nachempfinden – aber nicht der ursprüngliche Quell.

Dennoch gibt es auch in diesem Nachdichtungen Lieder, die in wohllautender Schönheit dahinfließen. Es sind Psalmen, die dem Gotteskind in Paul Gerhardt wesenverwandt sind. Der Psalm vom guten Hirten, vor dem sich Kant in stiller Ergriffenheit geneigt hat, ist solch eine Weise:

> Der Herr, der aller Enden,
> regiert mit seinen Händen,
> der Brunn der ewigen Güter,
> der ist mein Hirt und Hüter.

Er lässet mich mit Freuden
auf grüner Auen weiden,
führt mich zu frischen Quellen,
schafft Rat in schweren Fällen.

Und ob ich gleich vor andern
im finstern Tal muß wandern,
fürcht ich doch keine Tücke,
bin frei vom Ungelücke.

Denn du stehst mir zur Seiten,
schützt mich vor bösen Leuten.
Dein Stab, Herr, und dein Stecken
benimmt mir all mein Schrecken.

Ich will dein Diener bleiben
und dein Lob herrlich treiben
im Hause, da du wohnest
und Frommsein wohl belohnest.

Ich will dich hier auf Erden
und dort, da wir dich werden
selbst schaun im Himmel droben,
hoch rühmen, singn und loben!

So ist dieser Psalm des getrosten Frommen im Herzen des Dichters freundlich erklungen und erträgt sogar das Wort vom Belohnen des Frommen, das gar nicht nach dem Glauben des Paulus hinsieht, mit liebem Lächeln.

Noch ein Lied ist in jener Sammlung zum erstenmal erschienen, das sicher aus solchen Stunden der niedergebeugten Seele heraus gedichtet ist. Man sieht den Dichter vor sich, das Haupt in die Hände gestützt, während der Blick, nach innen gewendet, die ganze Lebensbahn noch einmal durchläuft, auf der dies Leben durch Kriegswetter, Seelenkämpfe, Anfechtung und Bedrängnis, Todesnot und tiefe Trauer gegangen ist. Es ist das Lied, das nach dem 19. Vers des 119. Psalms gedichtet ist:

Ich bin ein Gast auf Erden
und hab' hier keinen Stand;
der Himmel soll mir werden,
da ist mein Vaterland,
hier reis' ich bis zum Grabe,
dort in der ewgen Ruh
ist Gottes Gnadengabe,
die schließt all Arbeit zu.

Aus diesem Lied kommt der Schrei eines zu Tode gehetzten
Menschenherzens, das sich zu dem letzten Tröster flüchtet, nachdem keiner auf Erden mehr ist, der es stille machen kann.

Was ist mein ganzes Wesen
von meiner Jugend an
als Müh und Not gewesen?
Solang ich denken kann,
hab' ich so manchen Morgen,
so manche liebe Nacht
mit Kummer und mit Sorgen
des Herzens zugebracht.

Wer denkt nicht an den weltberühmten Vers:

Wer nie sein Brot mit Tränen aß,
wer nie die kummervollen Nächte
auf seinem Bette weinend saß,
der kennt euch nicht, ihr himmlisches Mächte.

Nur daß in dem viel schlichteren Bekenntnis Gerhardts das eigene Schicksal zittert!

Mich hat auf meinen Wegen
manch harter Sturm erschreckt;
Blitz, Donner, Wind und Regen
hat mir manch Angst erweckt.

Verfolgung, Haß und Neiden,
ob ich's gleich nicht verschuldt,
hab' ich doch müssen leiden
und tragen mit Geduld.

Die Berliner Notzeit und jene stille Leidensbereitschaft, die sich
mit wehem Herzen in die Widersprüche des Lebens hineinfügte,
statt sich dagegen aufzubäumen, hat diesen Vers geschaffen.
Und dann kommt das Beispiel der »lieben Alten«, der Pilgerleu-
te Abraham, Isaak und Jakob:

Wie mußte der sich plagen!
In was für Weh und Schmerz,
in was für Furcht und Zagen
sank oft sein armes Herz.

Sie zogen hin und wieder,
ihr Kreuz war immer groß,
bis daß der Tod sie nieder
legt in des Grabes Schoß.

Schmerzvolles Ende von so viel heißem Lebenskampf. Aber das
muß so sein – Gerhardts Lieblingsgedanke.

Es muß ja durchgedrungen,
es muß gelitten sein.
Wer nicht hat wohl gerungen,
geht nicht zur Freude ein.

Nicht dunkles Schicksal ist solch ein harter Lebensweg, sondern
Durchgang.

Ich wandre meine Straße,
die zu der Heimat führt,
wo mich ohn alle Maße
mein Vater trösten wird.

Die Herberg ist zu böse,
der Trübsal gar zu viel.
Ach komm, mein Gott, und löse
mein Herz, wann dein Herz will.

Wo ich bisher gesessen,
ist nicht mein rechtes Haus;
wenn mein Ziel ausgemessen,
so tret ich dann hinaus.

Es geht dem Dichter wie dem greisen Hans Thoma: Möge doch
meine Seele friedlich heiter und gern zurückkehren in die Heimat, aus der sie stammt. Ein Sohn darf nicht mürrisch, brummig,
unzufriedenen Sinnes ins Vaterhaus zurückkehren, und auch
dann den Wanderstab nicht verdrießlich fortwerfen, wenn es ihm
manchmal auf der Reise übel ergangen ist. Er soll dann doppelt
froh sein, daß er daheim ist.

Da will ich immer wohnen
und nicht nur als ein Gast,
bei denen, die mit Kronen
du ausgeschmücket hast;
da will ich herrlich singen
von deinem großen Tun
und frei von schnöden Dingen
in meinem Erbteil ruhn.

So hat Novalis in seinem Heinrich von Ofterdingen seine geheim-
nisvolle Heldin auf die Frage »wo gehst du hin?« antworten lassen:
Nach Hause, immer nach Hause! Ich glaube, daß dieser Klang in
Gerhardts Liedern der Ausklang seines Dichtens gewesen ist.
Nun ging es auf die letzte Fahrt. Gerhardt selbst hat in seiner Bescheidenheit nichts dazu getan, um seinen Lebensweg in die
Fremde zu suchen. Der Mann, der immer alles in Gottes Hände
gelegt hat, war auch hier der ruhigen Hoffnung, daß er zur rechten Zeit geführt werde.

Wird's aber sich befinden,
daß du ihm treu verbleibst,
so wirst du Hilfe finden,
da du's am mindsten gläubst.

In der Stadt Lübben ist ihm die Türe aufgetan worden. Im Herbst 1668 starb dort der Archidiakonus Konrad Cnisius. Die Freunde Gerhardts meinten, da sei der richtige Platz für den Einsamen. Fürsprecher schrieben von Berlin aus an den Magistrat von Lübben. Gerhardt hatte ihnen gesagt, er werde willig folgen, wohin ihn auch der liebe Gott rufen werde. Dieses Wort des stillen Gottvertrauens hat den Lübbenern besonders gefallen. Sie luden ihn zu einer Gastpredigt ein. Am 14. Oktober predigte er in der Lübbener Kirche und gefiel. Am 28. Oktober wurde er einstimmig gewählt.

Ob die Lübbener wirklich gewusst haben, welche Persönlichkeit ihnen in diesem neuen Prediger geschenkt worden ist? Von seinem Dichten steht nichts in all den Schreiben, die zwischen Berlin und Lübben hin und her gelaufen sind. Und sie haben ihm trotz der einstimmigen Wahl das Kommen nicht allzu leicht gemacht. Es muß eine recht kleingeistige Gesellschaft dort zusammengesessen sein. Gerhardt hatte gleich nach seiner Gastpredigt das Pfarrhaus besichtigt. Es war eine elende baufällige Wohnung. Wenn ein Gerhardt, der in seinem Leben gelernt hatte, »sich zu bücken und zu drücken«, bitten mußte, man möge ihm doch für eine würdigere Behausung sorgen, muß das schon ziemlich erbärmlich ausgesehen haben im Archidiakonat zu Lübben. Nun – zuerst versprach man ihm, man werde das Haus herrichten und vergrößern. Das Subdiakonat, das nebenan lag, war ebenso zerfallen. So sollten die beiden Häuser ordentlich instand gesetzt und miteinander zu einem richtigen Pfarrhaus verbunden werden. Aber kaum war dieser Beschluß gefasst, da fingen die Spießbürger an zu kritteln und zu schimpfen. So wie's auch heute da und dort zuzugehen pflegt. Warum lege sich die Stadt solche große Kosten auf? Das Haus sei dem Vorgänger gut genug gewesen. Warum wolle der Nachfolger es besser haben? Der Kleinstädter sah scheel auf den »Berliner«, dem nichts gut genug sei. Die Stadt hatte im großen Kriege furchtbare Schrecken durchgemacht. Da hatte man sich mit dem Kümmerlichsten zu begnügen gelernt. Sollte der Pfarrer sich nicht zufrieden geben können, was man selber hatte?

Ein anderes Beschwernis der guten Lübbener mutet einen lächerlich an. Sie waren sehr stolz auf ihr gutes Bier, das sie brauten. Gerhardt braute nach damaliger Sitte sein Bier selber. Die Lübbener raunten sich in die Ohren, daß er die Braugerechtigkeit der Stadt Lübben stören werde. Es gab ja freilich in der damaligen bettelarmen Zeit Pfarrer, die ihr geringes Einkommen durch allerhand Nebengeschäfte aufzubessern versuchten. Der Pfarrer als Bierbrauer mag also nicht gerade eine seltene Figur gewesen sein. Gerhardt beruhigte die Aufgeregten. Er sei nicht gesonnen, einen Bierhandel anzufangen.

Dann steckten sie die Köpfe zusammen wegen der »zahlreichen Familie«, die Gerhardt mitbringen werde. Damit werde das neue Haus verwohnt und der Stadt womöglich eine Last aufgelegt, die recht drückend werden könnte! Auch darüber mußte Gerhardt schreiben: Seine Familie werde höchstens sechs Köpfe betragen. Er hatte seine Schwägerin, die Witwe Fromm, und deren Sohn, dann seinen eigenen Sohn in seinem Haus. Dazu kamen etliche Dienstboten.

Endlich befürchteten die Leute von Lübben, er werde die Gemeinde in Pestzeiten im Stich lassen. Warum, ist nicht recht ersichtlich. Vielleicht hat er um seines vorgerückten Alters willen darum gebeten, in Pestzeiten von den vielen Besuchen in den Häusern der Kranken befreit zu werden? Er mußte auch hierüber eine beruhigende Erklärung geben. So ist es kein Wunder, daß im Frühling 1669 ein Brief Gerhardts an den Lübbener Generalsuperintendenten M. Johann Georg Hutten kam, der den sonst so glaubensfreudigen Mann in tiefer Niedergeschlagenheit zeigt! Er schreibt davon, daß sein Sohn Paul Friedrich auf den Tod krank liege und seine gute Pflegerin, »Frau Frommin«, auch sich habe legen müssen. »Mein Gemüte ist mir über dem, was ich teils vor mir sehe, teils auch befürchten muß, dermaßen gekränket und beängstigt, daß ich fast gar nicht weiß, wo ich mich hinkehren und wenden soll!« Es ist das Bekenntnis dieser feinnervigen

Dichternatur, die alle Schläge des Lebens mit doppelter Schwere fühlen muß.

> Wo kämen Davids Psalmen her,
> wenn er nicht auch versuchet wär?

Man sieht in die Tiefen dieses stillen, der Welt abgewandten Mannesherzens hinein. Aus solchen Tiefen sind die Trostlieder geflossen, die heute mit derselben Kraft angefochtene Herzen trösten, wie in den Tagen der Trübsal, als sie entstanden sind:

> Schwing dich auf zu deinem Gott,
> du betrübte Seele!
> Warum liegst du Gott zum Spott
> in der Schwermutshöhle?
> Merkst du nicht des Satans List?
> Er will durch sein Kämpfen
> deinen Trost, den Jesus Christ
> dir erworben, dämpfen.

> Ich bin Gottes, Gott ist mein:
> wer ist, der uns scheide?
> Dringt das liebe Kreuz herein
> mit dem bittern Leide?
> Laß es dringen, kommt es doch
> von geliebten Händen,
> und geschwind zerbricht sein Joch,
> wenn es Gott will wenden.

Das kann nur einer singen, der selbst von den Geistern der Schwermut heimgesucht worden ist, und weiß, wie es einem dann zumute sein kann.

Jene Nadelstiche, die Gerhardt von dem Spießbürgertum der Lübbener aushalten mußte, verschwanden. Da der Rat nicht schneidig genug an die Bauarbeiten ging, trat der kurfürstliche Oberpräsident von Hoymb dazwischen – und als das Wort des

Mächtigen kam, lief der Karren! Ausgangs Mai konnte Gerhardt mit den Seinigen die Reise nach Lübben tun.

Es war eine Fahrt in die Fremde und doch in die Heimat. Denn Lübben war kursächsisch. Er kehrte also in das Land zurück, dem er entstammte. Die Niederlausitz, in der Lübben liegt, stand damals unter der Regierung des Herzogs Christian von Sachsen-Merseburg. Eine eigene Oberamtsregierung war eingesetzt worden. Gerichtsbehörden, Verwaltungsbehörden, Steuerbehörden nahmen ihren Sitz in Lübben. Sogar ein Oberkonsistorium wurde eingesetzt. Das Landstädtchen wurde Regierungsstadt. Die Gemeinde Paul Gerhardts mag damit etwas von ihrer kleinbürgerlichen Enge verloren und darum das amtliche Arbeiten Gerhardts einen weiteren Gesichtskreis bekommen haben. Schade, daß wir von diesem Schaffen des Alternden nichts erfahren. Sieben Jahre durfte er noch wirken.

Das Letzte, was wir von ihm besitzen, ist ein rührendes Schriftstück: Das Testament, das Gerhardt seinem Sohn hinterlassen hat. Er schrieb es, als er »das 70. Jahr seines Lebens erreicht«, also wenige Monate vor seinem Tode. Es ist das Bekenntnis dieser innigen und anspruchslosen Natur, die ihren Weg durch viel Kampf und Anfechtung in gefaßter Ergebenheit gegangen ist. Er hofft, daß ihn sein »lieber frommer Gott in kurzem aus der Welt erlösen und in ein besseres Leben führen werde, als er bisher auf Erden gehabt«. Er dankt Gott »für all' seine Güte und Treue, die er ihm von seiner Mutter Leibe an bis auf die jetzige Stunde an Leib und Seele erwiesen hat«. Klingt nicht leise ein Ton aus vergangenen Tagen, als er das Lied dichtete: *Sollt' ich meinem Gott nicht singen?*:

> Wie ein Adler sein Gefieder
> über seine Jungen streckt,
> also hat auch hin und wieder
> mich des Höchsten Arm bedeckt,
> alsobald im Mutterleibe,
> da er mir mein Wesen gab
> und das Leben, das ich hab'
> und noch diese Stunde treibe.

»Daneben bitte ich von Grund meines Herzens, er wolle mir, wenn mein Stündlein kommt, eine fröhliche Abfahrt verleihen, meine Seele in seine väterlichen Hände nehmen und dem Leibe eine sanfte Ruhe in der Erde bis zum Jüngsten Tage bescheren, da ich mit all den Meinigen, die nur vor mir gewesen und auch künftig nach mir bleiben werden, wieder erwachen und meinem lieben Herrn Jesum Christum, an welchen ich bisher geglaubet und ihn doch nie gesehen habe, von Angesicht zu Angesicht schauen werde!«

So hat er einst nach seinem geliebten Arndts-Paradiesgärtlein gesungen (*Ach treuer Gott, barmherzigs Herz*):

> Ach, laß mich schauen, wie so schön
> und lieblich sei das Leben,
> das denen, die durch Trübsal gehn,
> du dermaleinst wirst geben:
> ein Leben, gegen welchem hier
> die ganze Welt mit ihrer Zier
> durchaus nicht zu vergleichen.
>
> Daselbst wirst du in ew'ger Lust
> aufs süß'ste mit mir handeln,
> mein Kreuz, das dir und mir bewußt,
> in Freud' und Ehre wandeln.
> Da wird mein Weinen lauter Wein,
> mein Ächzen lauter Jauchzen sein.
> Das glaub' ich. Hilf mir! Amen.

Seinem einzigen Sohn hinterläßt er von irdischen Gütern wenig, »dabei aber einen ehrlichen Namen, dessen er sich sonderlich nicht wird zu schämen haben. Es weiß mein Sohn, daß ich ihn von seiner zarten Kindheit an dem Herrn, meinem Gott, zu eigen gegeben, daß er ein Diener und Prediger seines Wortes werden soll; dabei soll er nun bleiben und sich nicht daran kehren, daß er wenig gute Tage dabei haben möchte, denn da weiß der liebe Gott schon Rat zu und kann die äußerliche Trübsal mit inniglicher Herzenslust und Freudigkeit des Geistes genugsam ersetzen.« Er ermahnt ihn, daß er die Heilige Theologiam studieren möge in reinen Schulen und auf unverfälschten Universitäten. »Hüte dich ja vor Synkretisten! Denn sie suchen das Zeitliche und sind weder Gott noch Menschen treu!«

»Insonderheit: 1. Tue nichts Böses in der Hoffnung, es werde heimlich bleiben. Denn es wird nichts so klein gesponnen, es kommt doch an die Sonnen. 2. Außer deinem Amt und Berufe erzürne dich nicht. Merkst du dann, daß der Zorn dich erhitzet habe, so schweige stockstille und rede nicht eher ein Wort, ehe du ernstlich die zehn Gebote und den christlichen Glauben bei dir ausgebetet hast. 3. Der fleischlichen sündlichen Lüste schäme dich, und wenn du dermaleinst zu solchen Jahren kommst, daß du heiraten kannst, so heirate mit Gott und gutem Rat frommer, getreuer und verständiger Leute. 4. Tue den Leuten Gutes, ob sie es dir gleich nicht zu vergelten haben. Denn was Menschen nicht vergelten können, das hat der Schöpfer Himmels und der Erden längst vergolten, da er dich erschaffen hat, da er dir den lieben Sohn geschenket hat und da er dich in der heiligen Taufe zu seinem Kinde und Erben an- und aufgenommen hat. 5. Den Geiz fleuch als die Hölle, laß dir genügen an dem, was du mit Ehren und gutem Gewissen erworben hast, ob es gleich nicht allzuviel ist. Beschert dir aber der liebe Gott ein Mehreres, so bitt' ihn, daß er dich vor dem leidigen Mißbrauch des zeitlichen Gutes bewahren wolle. Summa, bete fleißig, studiere was Ehrliches, lebe friedlich, diene redlich und bleibe in deinem Glauben und Bekenntnis beständig, so wirst du einmal auch sterben und von dieser Welt scheiden willig, fröhlich und seliglich. Amen!«

Es sind die Ratschläge eines treuherzigen Mannes, der sich im Leben umgesehen hat, und etwas nüchtern und verständig, aber doch klug und klar dem jungen Menschen die Schneisen weisen will, die er durch das Gehölz schlagen muß, um auf den rechten Weg und zum rechten Ziele zu kommen. Jeder Überschwang fehlt. Aber auch jeglicher Gefühlsausbruch. »Wir sind Gott alle einen Tod schuldig!« Und darum geht er seinen Weg, wie er gelebt – ohne Furcht und Grauen!

Hart war dann wohl noch der Heimgang seiner Schwägerin Fromm, die das liebe treue Herz in seinem Hause geworden war. Sie starb am 27. Mai 1674.

Er selbst ist am 27. Mai 1676 gestorben, und am 7. Juni, dem ersten Sonntag nach Trinitatis, in der Kirche zu Lübben bestattet worden. Eine glaubwürdige Überlieferung berichtet, daß er das Herannahen des Todes gefühlt und seinem Sohn geheißen habe, er solle ihm den Vers aus dem Liede »Warum sollt' ich mich denn grämen« vorlesen:

> Kann uns doch kein Tod nicht töten,
> sondern reißt
> unsern Geist
> aus viel tausend Nöten,
> schließt das Tor der bittern Leiden
> und macht Bahn,
> da man kann
> gehn zu Himmelsfreuden.

Sein Leib ruht im Chorgewölbe der Kirche. Hier hängt ein Ölbildnis von ihm. Der Wittenberger Professor Gottlieb Wernsdorff hat etwa ein halbes Jahrhundert später eine lateinische Dichtung als Unterschrift zu dem Bilde gesetzt. In freier Übersetzung lautet sie:

Lebensvoll blickt hier das Bild des seligen Paulus Gerhardus,
Der von dem Glauben das Lied, von Liebe und Hoffnung einst sang.
Assaph, von neuem geboren, spielt' hier auf güldner Harfe
Lieder, o Christus, von dir, von deinem Erbarmen mit uns.
In ätherischen Höh'n mag Heiliger Geist dich umschweben,
daß du in freudiger Kraft Gott singest dein ewiges Lied.

Darunter steht:

Paulus Gerhardus, der Theologe, in Satans Sieb gesichtet und bewährt, gestorben zu Lübben im Alter von 70 Jahren.

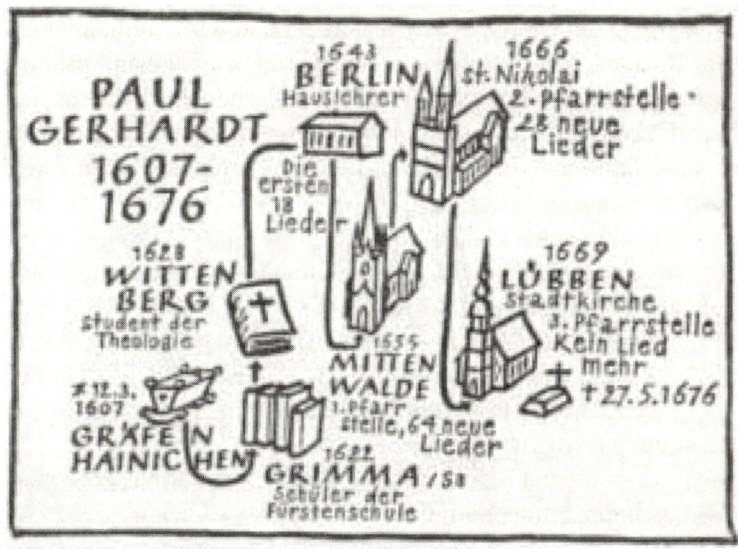

Sein Lebenswerk

Von Paul Gerhardts Liedern sind uns 133 erhalten geblieben. 28 stehen jetzt im Evangelischen Kirchengesangbuch, weitere in den jeweiligen Anhängen der Landeskirchen.

Man hat seine Dichtung »Gelegenheitsdichtung« genannt. Der Ausdruck führt aber sehr in die Irre. Es sind kaum bestimmte Gelegenheiten gewesen, die ihn zum Dichten veranlaßt haben. Jedenfalls läßt sich nirgends nachweisen, aus welchen Erfahrungen und Erlebnissen heraus seine Lieder entstanden sind. Man kann von dem Lied »Gottlob, nun ist erschollen das edle Fried- und Freudenswort« sagen, daß es mit dem Ende des Dreißigjährigen Krieges zusammenhängt, aber nicht einmal bei diesem Lied steht fest, wann es entstanden ist. In einem Lied steht das Wort, »vom Zorn des großen Fürsten« – man hat gemeint, das deute auf seinen Streit mit dem Kurfürsten –, aber das Wort heißt richtiger »vom Zorn des großen Fürsten« und stammt einfach aus dem Psalm, den Gerhardt umgedichtet hat.

»Gelegenheitsgedichte« sind die Lieder Gerhardts sicherlich nicht, wenn man nicht unter diesem Wort verstehen will, daß sie gedichtet sind in einem Augenblick, da der Geist über ihn kam. Und nicht einmal dies wird ganz richtig sein. Es gibt doch eine Anzahl von Umdichtungen Arndtscher Gebete und von Psalmen, die den Eindruck machen, daß sie nicht einer dichterischen »Stimmung« entstammen, sondern aus dem Wunsch hervorgegangen sind, diese Gebete und Psalmen, die ihm persönlich wichtig geworden sind, auch einer weiteren Gemeinde zugänglich zu machen.

Er hat zu Gottes Ehre gesungen! So wie er es in seinem Lobpreis zu Michael Schirmers »Biblische Lieder« gesagt hat: Schirmer habe gedichtet, »was sein heiliger Fleiß ihm zum Trost und Gott zum Preis« in den Mund legte. Auch Gerhardt muß verstanden werden aus seiner Zeit heraus. Neben ihm und mit ihm haben viele treffliche Kirchenliederdichter gewirkt. Man denke an Michael Altenburg mit seinem »schwedischen Feldliedlein« »Verzage nicht, du Häuflein klein«, an Simon Dachs »O wie selig seid ihr doch, ihr Frommen«, Paul Flemings »In allen meinen Taten«, das denselben Rhythmus aufweist wie Gerhardts »Nun ruhen alle Wälder«, Johann Francks inniges Abendmahlslied »Schmücke dich, o liebe Seele«, Andreas Gryphius »Die Herrlichkeit der Erden«, Johann Heermann »O Gott, du frommer Gott«, dessen Vers »Gib, daß ich tu mit Fleiß, was mir zu tun gebühret« die Preußen vor der Schlacht von Leuthen gesungen haben, Christian Keymann »Meinen Jesum laß' ich nicht«, dessen letzter Vers ein Namensakrostichon bedeutet, so wie Gerhardt in dem Lied »Befiehl du deine Wege« die Kunstform des Akrostichons angewendet hat, Johann Matthäus Meyfarts gewaltiges »Jerusalem, du hochgebaute Stadt«, Georg Neumarks unvergängliches »Wer nur den lieben Gott läßt walten«, Martin Rinckart, den Dichter des deutschen Tedeum »Nun danket alle Gott«, Johann Rists »Auf, auf, ihr Reichsgenossen« und »Ermuntre dich, mein schwacher Geist«, Johann Scheffler (auch Angelus Silesius genannt) »Ich will dich lieben, meine Stärke« und »Liebe, die du mich zum Bilde deiner Gottheit hast gemacht«, Michael Schirmers »O heil'ger Geist, kehr bei uns ein«. Es ist kein Wunder, daß sich im Dichten Gerhardts vielfache Berührungen und Anklänge an diese Dichter finden. Man wollte damals nicht um jeden Preis »original« sein. Die Gerhardt-Forscher haben mit einem wahren Bienenfleiß die Stellen zusammengetragen, in denen Gerhardt an gleichzeitige Dichter anklingt. Es sind lateinische Dichter – wie ja schon der Fürstenschüler zu Grimma in diese Welt der lateinischen Kirchenliederdichter eingeführt worden ist, aber auch Dichter, die zu seiner Zeit gewirkt haben. Der wundervolle Schlußvers in »O Haupt voll Blut und Wunden« heißt bei Valerius Herberger:

Erschein' mir in dem Bilde
zu Trost in meiner Not,
wie du, Herr Christ, so milde
dich hast geblut't zu Tod.

Der Jubelgesang im letzten Vers von »Ist Gott für mich, so trete«
heißt bei Nikolaus Selnecker:

> Ich geh' daher in Sprüngen,
> der Himmel ist ganz mein:
> mit Freuden tu' ich singen,
> Gott will mir gnädig sein.
> Sein Sohn ist ja mein Fleisch und Blut
> und sitzt zu Vaters Rechten,
> mein Hort und ewig's Gut.

Und doch braucht man nur den Wortlaut bei Gerhardt damit zu vergleichen, um zu erkennen, mit welcher klassischen Vollendung Gerhardt diese Lieder in seine eigene Sprache umgeformt hat. Bei ihm
haben sie nun eben den Ton gefunden, in dem sie in Mund und Herzen durch Jahrhunderte weiterleben. Ebenso kann man sagen, daß
ein gewisser Tonfall, eine Reihe von Bildern, zahlreiche Wendungen der Sprache allen diesen Dichtern gemeinsam sind. Aus dieser
Dichterschar tönt ein gemeinsames Fühlen, ein gemeinsames Erfas-
sen dieses Fühlens heraus, das sie zu einer einheitlichen Front der
Glaubenszeugen in jenem Jahrhundert gemacht hat. Aber man darf
doch das Urteil wagen, daß dies Gemeinsame in Gerhardt einen eigenen Klang gewonnen, zur besonderen Ausprägung geführt hat.
Darum ist der Untergrund des Gerhardtschen Dichtens – rein poetisch betrachtet – in seiner Volkstümlichkeit zu suchen. Er hat
die Sprache des Volkes in ihrer kraftvollen Ursprünglichkeit in
sich aufgenommen und gesprochen. Kein Wunder, daß viele seiner Verse sich wie Sprichwörter lesen:

> »Alles Ding währt seine Zeit,
> Gottes Lieb' in Ewigkeit.« –

> »Mit Sorgen und mit Grämen
> und mit selbsteigner Pein
> läßt Gott sich gar nichts nehmen,
> es muß erbeten sein!« –

»An mir und meinem Leben
ist nichts auf dieser Erd',
was Christus mir gegeben,
das ist der Liebe wert.« –

»Nimm vorlieb mit deinem Gott:
hast du, Gott, so hat's nicht Not.«

»Gott ist Herr in seinem Haus,
wie er will, so teilt er aus.«

»Bleibt der Zentner dein Gewinn,
fahr' der Heller immer hin.«

»Erdengut zerfällt und bricht.
Seelengut, das schwindet nicht.«

»Deiner Augen helles Glas:
siehe, welch ein Schatz ist das!«

»Ist dir's gut, so geht Er's ein,
ist's dein Schade, spricht Er nein!«

»Geht dir's widrig, laß es gehn,
Gott und Himmel bleibt dir stehn.«

(Aus dem Liede *Nicht so traurig, nicht so sehr*)

In eindrücklichen Bildern weiß der Dichter in den Versen (aus
Nun laßt uns gehn und treten) zu sagen:

Denn wie von treuen Müttern
in schweren Ungewittern
die Kindlein hier auf Erden
mit Fleiß bewahret werden:

Also auch und nicht minder
läßt Gott ihm seine Kinder,
wann Not und Trübsal blitzen,
in seinem Schoße sitzen.

Hier sind Einfachheit und zugleich bildhafte Sprache zu einem
geradezu vollkommenen Ausdruck gekommen. So ist es heute
noch, wenn die Kinder zur Mutter kommen im Donner des Wetters. In dem Liede:

Was Gott gefällt, mein frommes Kind,
nimm fröhlich an; stürmt gleich der Wind
und braust, daß alles kracht und bricht,
so sei getrost, denn dir geschicht,
was Gott gefällt.

kann sich der Dichter bis zum Himmel erheben:

Er ist der Herrscher in der Höh',
auf ihm steht unser Wohl und Weh.
Er trägt die Welt in seiner Hand:
hinwieder trägt uns See und Land,
wie's Gott gefällt.

und dann danebensetzen:

Sein Heer, die Sternen, Sonn und Mond
gehn ab und zu, wie sie gewohnt;
die Erd' ist fruchtbar, bringt herfür
Korn, Öl und Most, Brot, Wein und Bier,
wie's Gott gefällt.

Kann man wirklich darüber lächeln, daß der Dichter das Bier in
diesen Weltlauf und Weltzusammenhang hereinstellt? Es ist einfach der Bauersmann, dem sein tägliches Erfrischungsgetränk
nun einmal etwas sehr Wichtiges ist. Da kommt's dem Dichter

140

wie von selbst in den Mund, daß er aus allen Himmelshöhen heruntersteigen kann an den gedeckten Tisch in der Bauernstube, wo nach der schweren Erntetagsmühe freundlich die Labe winkt!

Aus dieser Herzensgemeinschaft mit dem Volk scheinen mir auch jene oft langstielig und unpoetisch aufgefaßten Lieder zu stammen, die die Leidengeschichte und die Auferstehungsgeschichte in Reime bringen. So hat er Sebastian Heydens »O Mensch, bewein' dein' Sünde groß« in dem Liede *O Mensch, beweine deine Sünd'* in die Sprache seiner Zeit übersetzt und erweitert. Da wird die ganze Geschichte der Kreuzigung wie eine Ballade abgesungen. Ein Abglanz der naiven Passionale des Mittelalters. Man glaubt, einen fahrenden Spielmann durch das Dorf ziehen zu sehen, der in dem rührenden Ton, ganz leise an den »Bänkelsänger« erinnernd, den Zuhörern den Jammer und die Größe dieses Leidens ohnegleichen vorsingt.

> Des Petri Herz und Leuenmut,
> nit zwar durch Schwert und Feuersglut,
> nur durch ein bloßes Fragen,
> ob er nicht Jesu Jünger sei?
> Da fällt sein Glaube, Lieb' und Treu,
> weiß nichts als nein zu sagen.

singt er nach Heyden – und setzt dann hinzu:

> Auf diesen Fall kam große Reu',
> er fing an, da der Hahne schrei,
> sehr bitterlich zu weinen.
> Das Auge, das die Herzen sieht,
> tät einen Blick, ließ Gnad' und Güt'
> dem armen Petrus scheinen.

Da Heyden das Wort »mich dürstet« übergangen hat, schiebt er das Wort in die Strophe ein:

Der Mittag kam und war doch Nacht,
die Sonn', die alles fröhlich macht,
war selbst mit Leid erfüllet.
Des Lichtes Schöpfer fühlet Pein,
drum muß mit finstern Schatten sein
das schönste Licht verhüllet.
»Eli«, rief Jesus, »Gott, mein Gott!
Wie läßt du mich in meiner Not
und Angst so gar alleine?«
Und bald darauf: »Mich dürstet sehr!«
Das alles hört der Juden Heer
und weiß nicht, was er meine.

Der Vers von dem Ende des Herrn ist von einer gewaltigen Wucht:

Er fuhr dahin. Im Augenblick
zerreißt der Vorhang in zwei Stück,
die Erd' erschrak und bebte;
die Felsen sprangen in die Luft,
auch öffnet sich der Gräber Gruft,
und das darinnen, lebte.

Ebenso hat Gerhardt die Auferstehung des Herrn besungen:

Nun freut euch, hier und überall,
ihr Christen, liebe Brüder!
Das Heil, das durch den Todesfall
gesunken, stehet wieder.
Des Lebens Leben lebet noch,
sein Arm hat aller Feinde Joch
mit aller Macht zerbrochen.

Die Morgenröte war noch nicht
mit ihrem Licht vorhanden,
und siehe, da war schon das Licht,
das ewig leucht't, erstanden.

Die Sonne war noch nicht erwacht,
da wacht und ging in voller Macht
die unerschaff'ne Sonne.

Hier wird die Größe des Ostergeschehens echt volksliedmäßig
geschildert:

Das war ein Diener aus der Höh'
von denen, die uns schützen;
sein Kleid war weißer als der Schnee,
sein Ansehn gleich dem Blitzen,
der hat das festverschloss'ne Grab
eröffnet und den Stein herab
von's Grabes Tür gewälzet.

Wie eine Miniatur aus einem Evangelienbuch steht die Szene vor
uns zwischen dem Auferstandenen und Maria Magdalena!
Und die erbauliche Anwendung:

O Lebensfürst, o starker Leu,
aus Judä Stamm erstanden,
so bist du nun wahrhaftig frei
von's Todes Strick und Banden!
Du hast gesiegt und trägst zu Lohn
ein' allzeit unverwelkte Kron'
als Herr all deiner Feinde.

Die biblische Geschichte muß breit und behaglich dahinlaufen.
Daher sind die beiden Lieder von großer Länge. Das Passionslied hat 29 und das Osterlied gar 36 Strophen. Der Zuhörer, der
den Sänger vor sich stehen sieht, kann sich nicht satt hören. Er
jauchzt bei der Schilderung der eingeschlafenen Krieger, die dem
Dichter zum Sinnbild der in Schlaf ertrunkenen gottlosen Welt
wird:

O Bosheit! War dein Schlaf so fest,
wie hast du können sehen?
Ist dann dein Auge wach gewest,
wie läßt du's so geschehen,
daß durch der Jünger schwache Hand
der Stein und seines Siegels Band
werd' auf- und abgelöset?

Es ist dein hart verstockter Sinn,
der dich zum Lügen leitet:
so fahr auch nun zum Abgrund hin,
da dir dein Lohn bereitet.

Und er gelobt:

Ich aber will, Herr Jesu Christ,
so lang ein Leben in mir ist,
bekennen, daß du lebest.

Die Freude am volkstümlichen Sprechen ist ja nun freilich auch
die Grenze und Schranke des Gerhardtschen Dichtens. Er kann
sich gelegentlich ins Platte und sogar Geschmacklose verlieren.
Gerhardt hat nicht davor zurückgescheut, triviale Wendungen
aus dem Alltag anzunehmen und hart und derb zu werden.
Demgegenüber aber steht nun ein zweites Element der Gerhardtschen Dichtung, das ist das lebendige Naturgefühl, das in jener
Zeit aufzuwachsen begann und das in Gerhardt eine besonders
lichte Prägung gefunden hat. Hier zeigt sich der Dichter, dem das
Herz aufgeht, sooft sich ihm die Wunder in der Welt Gottes offenbaren. Die Welt ist ihm Gottes voll, und darum ist sie die grüne Aue, auf der sein Geist in heller Freude lustwandelt. Eine ur-
gesunde Freude an allem, was lebt und webt und ist, strömt durch
sein Singen. Man spürt, wie sich nach den grauenvollen Jahren
des großen Krieges das leidvolle Gemüt erhebt. Wie die Knospe,
von der er in seinem lieblichen Brautlied zur Hochzeit Fromms
singt, das Köpflein erhebt, das, vom Regen beschwert, tief her-

abhing und in seinen lichten Farben prangt, sobald die liebe Sonne scheint, so weitet sich vor seinem Auge die Welt in ihren tausend Farben und Freuden. Da hebt sich über ihm das »schöne Himmelszelt, hoch über uns gesetzt«, da fällt der Tau, der unser Feld mit seiner Erquickung netzt (aus *Wer wohlauf ist und gesund*):

> Aber nun gebricht mir nichts
> an erzählten Stücken:
> Ich erfreue mich des Lichts
> und der Sonne Blicken:
> mein Gesichte sieht sich um,
> mein Gehöre höret,
> wie der Vöglein süße Stimm'
> ihren Schöpfer ehret.

Da sieht er die Bilder des Psalms in neuer Schöne, als ob ihm die Lieder der alttestamentlichen Sänger auf unseren Fluren aus vielen Weisen entgegenklingen (*Merkt auf, merkt, Himmel, Erde*):

> Gleich wie ein Adler sitzet
> auf seiner zarten Brut
> und gar genau beschützet,
> was ihm am Herzen ruht;
> er dehnt die starken Flügel,
> wann er sich hoch erschwingt,
> und über Tal und Hügel
> sein' edle Jungen bringt.

Da strahlt »die güldne Sonne« in ihrem »herzerquickenden lieblichen Licht«, nach Meeresbrausen und Windessausen leuchtet ihr gewünschtes Gesicht. Da sinkt die Nacht hernieder, und die güldnen Sterne prangen am blauen Himmelssaal – und beim Rückblick auf den vergangenen Tag weiß er zu sagen (aus *Der Tag mit seinem Lichte*):

Gleich wie des Hirtens Freude,
ein Schäflein an der Weide,
sich unter seiner Treue
ohn' alle Furcht und Scheue
ergötzet in dem Feld
und sich mit Blumen füllet,
den Durst mit Quellen stillet,
so hat mich heut geführet,
mit manchem Gut gezieret
der Hirt in aller Welt.

Da erscheint ein Lied vom christlichen Ehestand *Wie schön ist's doch, Herr Jesu Christ*:

Der Mann wird einem Baume gleich,
an Ästen schön, an Zweigen reich,
das Weib gleich einem Reben,
der seine Träublein trägt und nährt
und sich je mehr und mehr vermehrt
mit Früchten, die da leben.

Nach einem Regen aber (*Nun ist der Regen hin*) geht es freudig hinaus in die erquickte Welt:

Steh auf, du mattes Feld,
aus deinem Trauerzelt,
steh auf und laß nun wieder
die süßen Sommerlieder
zu deines Schöpfers Ehren
mit Lust und Freuden hören.

Sieh hier, der Sonnen Zier
geht wieder schön herfür,
bringt nach dem Schlag und Regen
den lieben, warmen Segen
und wirkt auf Berg und Talen
mit wunderlichen Strahlen.

Die Erde wird erquickt,
und was durch Näss' erstickt,
das wird nun wieder leben
und reife Früchte geben,
die Äcker gut Getreide,
die Wiesen Grund und Weide.

Die Bäume werden schön
in ihrer Fülle stehn,
die Berge werden fließen
und Wein und Öle gießen,
das Bienlein wird wohl tragen
bei guten warmen Tagen.

Wie jubelt es in dem Sommerlied, da die Gärten sich ausge-
schmücket haben, die Bäume voller Laub stehen, Narzissus und
die Tulipan sich viel schöner anziehn als Salomonis Seide. Die
Lerche schwingt sich in die Luft, das Täubchen fliegt aus seiner
Kluft. Die hochbegabte Nachtigall erfüllt mit ihrem Schall Berg,
Hügel, Tal und Felder. Die Glucke führt ihr Völklein aus, der
Storch baut und bewahrt sein Haus, das Schwälblein speist die
Jungen. Der schnelle Hirsch, das leichte Reh ist froh und kommt
aus seiner Höh' ins tiefe Gras gesprungen! Die Bächlein rauschen in dem Sand, die unverdross'ne Bienenschar sucht ihre edle Honigspeise. Der Saft des Weinstocks quillt. Der Weizen
wächset mit Gewalt. Ein Lied, bei dem man die Lebensströme
fließen sieht durch alle Adern der Natur.
Da pocht des Dichters hellster Herzschlag, und es muß mit ihm
alles singen, was singen kann. Die Kraft seiner Freude ist ganz
unerschöpflich, ein großes Kind mit Augen voll ewigem Son-
nenglanz.
Darum ist die letzte Wurzel seines Dichtens seine lautere Kin-
desseele! Er ist einer der »aufrichtigen«, natürlichen Liederdich-
ter der evangelischen Kirche. Alles, was er singt, kommt ihm
von Herzen. Es ist nichts Übertriebenes, nichts Anempfundenes,
nichts Erzwungenes. In diesen Liedern findet sich nirgends eine

Spur von Pathos. Man spürt es: so schlägt sein Herz. So muß er's sagen, wie er's sagt. Und so kann er's sagen. Denn das ist ja das Geheimnis alles wahren Dichtens, daß dem Dichter »ein Gott gab zu sagen, was er leidet« – aber nicht bloß, was er leidet, sondern ebenso, was ihn mit Freuden und mit Kraft und mit Not und Überwindung der Not im Leben bestürmt und reich macht.

Man hat nicht mit Unrecht darauf aufmerksam gemacht, daß Gerhardts stärkste und dichterisch reinste Klänge da ertönen, wo nicht ein biblischer Text von ihm poetisch umgegossen wird, sondern wo es aus ihm selber kommt. »Wach auf, mein Herz, und singe« ist nicht umsonst der erste Ruf des Dichters, wenn der Morgen sein Licht aufglänzen läßt. Doch ist dieser Satz nicht unbedingt richtig. Es gibt »Übersetzungen« von biblischen Texten, aus denen die volle Kraft seines dichterischen Könnens spricht. »Ist Gott für mich, so trete gleich alles wider mich« ist herausgesungen aus Römer 8, 31–39. Und welche Fülle und Herrlichkeit strahlt aus diesem Lied heraus!

Hier berühren sich Bibelwort und Glaubenserleben des Dichters kongenial. Ähnlich ist es mit dem Loblied »Du meine Seele singe«, in dem der 146. Psalm der Himmelstau ist, der auf die Flur der Dichterseele fällt, um die lieblichen Blüten seiner Verse hervorzurufen. In solchen Versen klingen die Bibelworte leise hindurch, der Künstler schafft die Weisen auf die biblischen Leitmotive. Dazu gehört jenes Morgenlied, das mit »Wach auf, mein Herz, und singe« um die Palme der Morgenlieder der evangelischen Kirche ringt: es ist ein Gegenstück zu einem Gratias (Dank-)Lied aus dem 16. Jahrhundert, in einem Nürnberger Sonderdruck uns bekannt. Es vereint die beiden Seiten des Gerhardtschen Singens, die heilige Ergriffenheit und die volkstümliche Naivität. Mächtig steigt der erste Vers empor:

> Lobet den Herren
> alle, die ihn ehren!
> Laßt uns mit Freuden seinem Namen singen
> und Preis und Dank zu seinem Altar bringen.
> Lobet den Herren!

Und ebenso schließt das Lied groß:

> Herr, du wirst kommen
> und all deine Frommen,
> die sich bekehren, gnädig dahin bringen,
> da alle Engel ewig, ewig singen:
> Lobet den Herren!

Und dann kommt dazwischen kindlich und treuherzig:

> Daß Feuersflammen
> uns nicht allzusammen
> mit unsern Häusern unversehns gefressen,
> das macht's daß wir in seinem Schoß gesessen.
> Lobet den Herren!

> Daß Dieb und Räuber
> unser Gut und Leiber
> nicht angetast't und grausamlich verletzet,
> dawider hat sein Engel sich gesetzet.
> Lobet den Herren!

So heißt es auch in manch anderem gleichzeitigen Morgenlied. Die Zeit, in der die Marodeure des großen Krieges als Räuberbanden weithin ihr unheimliches Werk trieben, schaut durch solches Bitten und Danken hindurch.

Daß der Dichter in anderen Umformungen von Bibelworten sich nicht zu dieser klassischen Form und zu diesem ursprünglichen reinen Ton hindurchgerungen hat, liegt sicherlich an seiner Demut und Bescheidenheit. Er will eben nicht ein »Dichter« sein, sondern ein Prediger, ein Verkünder des Evangeliums, das er mit den Mitteln der Dichtung in die Häuser und Herzen trägt. Darum ist ihm das Bibelwort heilig. Es ist das Wort Gottes, das »da bleibet in Ewigkeit«. Das Wort, das »es tun muß«. Er will diesem Wort schlicht und aufrichtig dienen und es in Rhythmus übersetzen, aber nichts davon und nichts dazu tun. Darum sind die meisten seiner Lieder, die er zu Bibeltexten gemacht hat, bei dem Wortlaut der biblischen Vorlage stehengeblieben, mit leisen Änderungen, die auch im Alten Testament das Antlitz Christi schon leuchten sehen und das Licht der Ewigkeit, das erst im Neuen Testament aufgegangen ist, schon aufstrahlen lassen.

Blicken wir nun einmal in die Glaubenswelt hinein, die uns Gerhardts Lieder erschließen!

Hier erhebt sich die viel aufgeworfene Frage: Wie verhält sich Gerhardt zu Luther?

Man hat eine Zeitlang die Kirchenlieder des 16. Jahrhunderts »Bekenntnislieder« nennen wollen, auf die im 17. Jahrhundert die »Glaubenslieder« und dann mit dem Erstehen des Pietismus die »Zeugnislieder« gekommen seien. Und man hat gesagt: Luther und seine Zeit sei die Zeit der eigentlichen Lieder der Kirche, die in ihrer ehernen Kraft erscheine, weshalb diese Lieder meistens »Wir-Lieder« seien, während Paul Gerhardt und seine Zeitgenossen an die Stelle der objektiven Kirchlichkeit die subjektive Gläubigkeit gesetzt hätten und an die Stelle des »Wir« das »Ich« getreten sei. Mit solchen Schlagworten kann man die Frage aber nicht beantworten. Auch Luther kennt das »Ich«. Selbst in dem größten »Bekenntnislied«: »Nun freut euch, lieben Christen g'mein«, in dem die ganze Kraft des Glaubens an das ewige Evangelium in gewaltiger Sprache gesungen wird, kommt das »Ich« in seinem erschütternden Schrei nach der Erlösung zu Worte:

> Dem Teufel ich gefangen lag,
> im Tod war ich verloren.
> Mein Sünd mich quälte Nacht und Tag,
> darin ich war geboren.
> Ich fiel auch immer tiefer drein,
> es war kein Guts am Leben mein,
> die Sünd hat mich besessen.

Da branden die Wellen aus dem riesigen Ringen Luthers im Kloster, und das Turmerlebnis in Wittenberg leuchtet in seiner vollen Herrlichkeit auf, wenn es heißt:

> Da jammert Gott in Ewigkeit
> mein Elend übermaßen.
> Er dacht an sein Barmherzigkeit,
> er wollt mit helfen lassen.

Und wie tief greift dies »Ich« in dem Bußlied:

> Aus tiefer Not schrei ich zu dir,
> Herr Gott, erhör mein Rufen,
> dein gnädig Ohren kehr zu mir
> und meiner Bitt sie öffne!

Und ebenso fehlt bei Gerhardt durchaus nicht das »wir«, wenn es auch vor dem »ich« sehr zurück tritt in *Fröhlich soll mein Herze springen*:

> »Ei, so kommt und laßt uns laufen,
> stellt euch ein
> groß und klein,
> eilt mit großen Haufen!«

> »Kommt und und laßt uns Christum ehren,
> Herz und Sinnen zu ihm kehren.
> Singet fröhlich, laßt euch hören,
> wertes Volk der Christenheit!«

> »Nun laßt uns gehen und treten
> mit Singen und mit Beten
> zum Herrn, der unserm Leben
> bis hierher Kraft gegeben.«

»Nun freut euch hier und überall,
ihr Christen, lieben Brüder!
Das Heil, das durch den Todesfall
gesunken, stehet wieder.«

»O du allersüß'te Freude,
o du allerschönstes Licht,
der du in Lieb und Leide
unbesucht uns lässest nicht!«

»Was sind wir doch, was haben wir
auf dieser ganzen Erd,
das uns, o Vater, nicht von dir
allein gegeben wird?«

»Du strafst uns Sünder mit Geduld
und schlägst nicht allzu sehr,
ja endlich nimmst du unsre Schuld
und wirfst sie in das Meer!«

Selbst in einem »Ich«-Lied von der eindringlichen Kraft wie
»Warum sollt' ich mich denn grämen?« kommt der Vers:

»Kann uns doch kein Tod nicht töten,
sondern reißt unsern Geist
aus viel tausend Nöten.«

Aber es ist richtig: Das Lied des 17. Jahrhunderts hat einen anderen Tonfall als das des 16. Jahrhunderts. Das »Ich« ist die Erfahrung des einzelnen, jedoch – und das muß immer wieder betont werden – des einzelnen, der sich in dieser seiner Glaubens-
erfahrung zusammenfaßt mit den anderen Gläubigen. Die Kirche
steht immer im Hintergrund dieses »Ich«-Singens. Es ist ähnlich
damit wie mit dem »Ich« in den Psalmen, in dem hinter dem
Sänger die Gemeinde steht, die durch dieselben Nöte geht wie er
und dieselbe Hilfe sucht und denselben Trost findet. Die Kirche

trägt den einzelnen. Darum mag auf dem »Ich« der Grundton liegen, dieser Grundton findet aber ein vielfältiges Echo in den gleichgestimmten Herzen. Man sollte dies »Ich«-Lied darum nicht ein subjektives Lied nennen, als ob hier ein Dichter wie in der späteren weltlichen Lyrik nur sich und sein eigenes Leben und Erleben besänge. Das ist den Glaubensliedern des 17. Jahrhunderts ein völlig fremder Gedanke. Wie es denn auch beinah unmöglich ist, diese Lieder auf irgendein bestimmtes und persönliches Erlebnis im Leben der Dichter zurückzuführen.

Der Unterschied zwischen den Liedern des 16. und des 17. Jahrhunderts liegt darin, daß das 16. Jahrhundert die große Zeit des Kampfes um das neuentdeckte Evangelium gewesen ist. Die Männer, die damals gesungen haben, haben im Ringen um den Glauben gestanden mit ihrem Herzblut. Sie sind durch furchtbare Erschütterungen ihres Seelenlebens hindurchgegangen. Es galt, einer Welt, in der sie groß geworden waren und an der sie vielfach mit allen Wurzeln und Fasern ihres Wesens hingen, den Abschied zu geben. Das ging nicht ab ohne tiefe Not. Man sieht diese Gesichter mit den zusammengebissenen Lippen, diese Augen voll Glut und Wille, diese Fäuste, wie um das Schwert gekrampft. Man hört den Donner der Schlacht und das Jauchzen der Sieger: »Ich bin hindurch! Ich bin hindurch!« wie Luther am 18. April 1521 zu Worms.

Und sie schufen die neue Kirche. Sie dienten ihr, sie bluteten für sie. Sie gingen in die Verbannung um ihretwillen. »Nehmen sie den Leib, Gut, Ehr, Kind und Weib – laß fahren dahin!« – das war unerbittlicher, blutiger Ernst. Sie schauten sie, von dem Licht der Ewigkeit umstrahlt, auf dem ewigen Felsen Jesus Christus. Ihr gehörte ihr Herz, ihre Liebe, ihr Glaube, ihre Hoffnung. In ihr war die Seligkeit beschlossen. Darum ist die Kirche das mächtige Thema ihres Singens. Die feste Burg, die Gott selbst gebaut hat, daß es »ein Wunder war vor ihren Augen«.

Die Zeit Gerhardts und seiner Sangesgenossen war anders. Alle diese Dichter sind in die Welt des evangelischen Glaubens hineingeboren worden. Sie wußten gar nicht anders: Das Evangelium war ihnen »Milch und süße Kost«, wie es im Passionslied

Gerhardts heißt. Man brauchte es nicht mehr aus dem Schutt der Vergangenheit herauszugraben. Es stand auf dem Leuchter und leuchtete allen, die im Hause waren. Darum ist ihr Lied ein Lied der Seligen, die in dem »ewigen Licht« als »Kinder des Lichts« wandeln. Der Losungsruf der Reformation »allein durch den Glauben« war nicht mehr Schlachtgeschrei, sondern fröhliches Bekenntnis. Die »feste Burg« umschloß sie in ihren Mauern, und nachdem der große Krieg vorübergegangen war, sahen sie von der Zinne dieser festen Burg hinab auf ein Land, in dem die »Gärten lustig grünten, die Saaten blühend standen«. Es gab noch keine neuzeitlichen Zweifel an Gottes Weltregiment. Die Welt war in Gottes Händen. Er saß im Regimente und führte alles wohl. So ist ihr Lied ein fröhliches Singen geworden von den großen Wundertaten Gottes, die sie täglich mit beglücktem Herzen empfingen. Was die großen Wahrheiten umschlossen an Friede und Trost, ergoß sich in immer neuer Klarheit über sie. Und das ist, was aus Gerhardts Liedern der evangelischen Christenheit aller Zeiten entgegenklingt: die Freude an dem Leben im Licht des Evangeliums!

Man hat das 17. Jahrhundert oft und etwas schnellfertig die Zeit der »toten Orthodoxie« genannt, und die Kämpfe zwischen Luthertum und Calvinismus sind uns in ihrem harten Trotz heute nicht mehr recht verständlich. Allein die Lieder dieser Zeit offenbaren uns, daß es sich wahrhaftig nicht um einen geistlichen Tod handelte in jener Geisteswelt, sondern daß tiefes, echtes, geheiligtes Glaubensleben die wahre Kraft auch jener Männer gewesen ist, die sich so leidenschaftlich befehdet haben. Man stritt nicht bloß um »leere Dogmen«, sondern man lebte in dem Evangelium. Und auch der Streit, in dem sich die Gemüter erhitzten, ging in Wirklichkeit nach der Meinung der Kämpfer um die Seligkeit. Ihre Lieder sind die Zeichen dafür, daß ihre Seele im heiligen Land zu Hause war, und es bedarf nicht des Zeugnisses der wackeren Berliner Handwerker dafür, daß Paul Gerhardt auf seiner Kanzel schlicht und wahrhaftig seine Zuhörer in das Bibelwort hineingeführt hat: Sein Singen ist ein Blick in die echte Frömmigkeit jener Tage. Gerhardt hat in seinen Liedern das vollbracht, was der Große Kurfürst gewollt hat: den Weg bahnen zu einer wirklichen Einheit der Glaubenden aller Bekenntnisse in der Liebe zu Christus. »Auf daß sie alle eins seien, gleich wie du, Vater, in mir und ich in dir, daß auch sie in uns eins seien!« Sie sind das einheitliche Bekenntnis aller Evangelischen geworden. Man könnte als Thema seines Dichtens das Psalmwort bezeichnen: »Das ist meine Freude, daß ich mich zu Gott halte und meine Zuversicht setze auf den Herrn, daß ich verkündige all dein Tun.« Es geht durch diese Lieder hindurch: der Preis des Ewigen in seiner alles Denken übersteigenden Herrlichkeit und Größe. Gott ist der Ewige, der allein Weise, dem Ruhm und Ehre gebührt in der Gemeinde, der allein Herrlichkeit hat.

> Alles vergehet, Gott aber stehet ohn' alles Wanken;
> seine Gedanken, sein Wort und Wille hat ewigen Grund!
> Alles Ding währt seine Zeit, Gottes Lieb in Ewigkeit!

Ihn zu haben, ist mehr als die ganze Welt.
Und das ist das Wunder aller Wunder, daß sich dieser Gott, vor dem alles menschliche Wesen nichts ist, zu dem armen Menschenkinde herabneigt und sich seiner in Liebe und großer Gnade annimmt. Da geht ihm das Herz auf:

> Wach auf, mein Herze, sing und spring
> und habe guten Mut.
> Dein Gott, der Ursprung aller Ding,
> ist selbst und bleibt dein Gut.

Aus dieser überströmenden Freude heraus, die gar nicht auszuschöpfen ist, fließt immer neu sein Singen. Die ganze Welt ist ein einziger Chor, der dieses Gotteslied singt, und er darf in diesem Chor eine Stimme sein:

> Ich singe mit, wenn alles singt,
> und lasse, was dem Höchsten klingt,
> aus meinem Herzen rinnen.

So ist ihm diese frohe Botschaft von Gottes Vaterliebe »in Mark und Kochen eingegangen«. Hier steht er auf den Schultern von Luther. Es ist ganz richtig, daß Gerhardt einfach weiter sang, was Luther zu singen begonnen hat. Ein Christ ist ein fröhlicher Mensch, daß er ohne Unterlaß muß singen und springen – so hat Luther das Evangelium, die frohe Botschaft, in die Welt getragen. Und dieser fröhliche Mensch lacht in tausend Freudenweisen aus Gerhardts Liedern heraus. Sein Herze geht in Sprüngen und kann nicht traurig sein! Man hat von Gerhardts Optimismus gesprochen. Das ist nur sehr bedingt richtig. Er hat nicht bloß die Welt im Sonnenschein gesehen! Jenes Bekenntnis »Ich bin ein Gast auf Erden« mit seiner schwermütigen Betrachtung des Weltlaufes der Ungerechtigkeit, der Leidensnot und der harten Last, die getragen werden muß, zieht sich durch viele seiner Lieder hindurch. Er hat wahrhaftig etwas davon gewußt, »wie oft ein Christe wein'«. Sein eigener schwerer Lebensgang und die Betrachtung der Welt, in der es geht »durch so viel Angst und Plagen, durch Zittern und durch Zagen« hat ihm alle Weltvergötterung ein für allemal gründlich unmöglich gemacht. Nicht die Welt und das Leben, auch nicht das liebliche Blühen und Grünen in der Sommerszeit, gibt ihm die Sonne, die ihm lachet, sondern Christus, in dem ihm Gottes Freundlichkeit erschienen ist. Was man Gerhardtschen Optimismus nennt, ist in Wahrheit mehr als eine »glückliche Naturanlage« und mehr als ein poetisches Strahlen – es ist die Kraft und Wahrheit des Glaubens, der aus dem »Wort sich nährt«. Die Bibel ist ihm in Fleisch und Blut übergegangen – und darum hat er dies unbekümmerte Stehen auf dem Wort der Verheißung, das sich einfach nicht drausbringen läßt, sondern der kecken verwegenen Zuversicht ist, ein Trotzen auf die Zusage Gottes, jenen »Mut, der sich immer das Beste von Gott versiehet, also daß er tausendmal darüber stürbe«. Das gibt ihm wie Luther die Sonnigkeit seines Gemütes, die aus seinen Liedern einen köstlichen Schatz gemacht hat, aus dem die Christenheit auf immer dankbar schöpfen wird.

Es ist die besondere Gnade, die dem Dichter geschenkt ist, daß er in dieser Glaubensfreudigkeit nie hat irre werden können. Irgendein Zweifel daran, daß »Gott der Höchst und Beste, mein

Freund und Vater sei«, ist ihm völlig unmöglich gewesen (aus *Ich, der ich oft in tiefes Leid*):

> Es muß ein treues Herze sein,
> das uns so hoch kann lieben,
> da wir doch in den Tag hinein,
> was gar nicht gut ist, üben.
> Gott muß nichts andres sein als gut,
> daher fleußt seiner Güte Flut
> auf alle seine Werke.

Das ist die einfache Wirklichkeit, in der der Glaube steht. Er »ruht in Gottes Arm und liegt in Gottes Schoß«, wie Angelus Silesius es einmal ausgesprochen hat, »vor Ihm fühlt er sich klein. In Ihm weiß er sich groß«. Das ist das stets aufs neue in ihm aufquellende Lebensgefühl, das ihn zum Jubeln zwingt (aus *Was Gott gefällt*):

> Ach könnt ich singen, wie ich wohl
> im Herzen wünsch und billig soll,
> so wollt ich öffnen meinen Mund
> und singen jetzo diese Stund,
> was Gott gefällt.

> Ich wollt erzählen seinen Rat
> und übergroße Wundertat,
> das süße Heil, die ewge Kraft,
> die allenthalben wirkt und schafft,
> was Gott gefällt.

Darum ist ihm auch das Leid und Trübsal kein Problem, mit dem er sich abplagen muß. Er hat sich die Hiobsfrage, »warum muß ich leiden?« kaum je vorgelegt. Sein Herz ist unbekümmert darum, wie man Lebensnot und Trübsal mit dem Glauben an eine göttliche Güte und Gerechtigkeit in Einklang bringen könnte. Für ihn war Leiden – Kreuz! Und nur das Leiden, das zum Kreuz wird, ist heiliges Leiden. Gerhardt stand seiner Lebetage in diesem heiligen Leiden. Das Kreuz nahm er aus den Händen, die es auferlegen, es ist ihm die Zuchtrute Gottes, der sich ein Kind willig unterzieht (aus *Sollt ich meinem Gott nicht singen*):

> Seine Strafe, seine Schläge,
> ob sie mir gleich bitter seind,
> dennoch, wenn ich's recht erwäge,
> sind es Zeichen, daß mein Freund,
> der mich liebet, mein gedenke,
> und mich von der schnöden Welt,
> die uns hart gefangen hält,
> durch das Kreuze zu ihm lenke.

Und Christenkreuz wandelt sich immer in Christenfreude. Es währet nur eine kurze Zeit.

> Gottes Kinder säen zwar
> traurig und mit Tränen,
> aber endlich bringt das Jahr,
> wonach sie sich sehnen;
> denn es kommt die Erntezeit,
> da sie Garben machen:
> da wird all ihr Gram und Leid
> lauter Freud und Lachen.

Das Kreuz hat seine bestimmte Zeit. Dann muß es verschwinden:

> Das weiß ich fürwahr und lasse
> mir's nicht aus dem Sinne gehn:
> Christenkreuz hat seine Maße
> und muß endlich stille stehn.
> Wenn der Winter ausgeschneiet,
> tritt der schöne Sommer ein:
> also wird auch nach der Pein,
> wer's erwarten kann, erfreuet.

Kreuz und Elende
das nimmt ein Ende;
nach Meeresbrausen
und Windessausen
leuchtet der Sonnen gewünschtes Gesicht.

Im Kreuz gilt es sich zu bewähren. Stille halten! Das ist die Devise des Glaubens. Die Treue, die nicht bricht, findet ihren Lohn. Das »Kind der Treue« empfängt von Gott selbst die Palmen in seine rechte Hand. »Er wird dein Herze lösen von der so schweren Last, die du zu keinem Bösen bisher getragen hast«.

In diesen vielen Trostliedern Gerhardts und seiner Zeitgenossen – es sind die Perlen alles christlichen Trostsingens –, sprechen die Bewährten, die in den furchtbaren Kriegsjahren ausgehalten haben. In diesen Bekenntnissen ist die herrliche Frucht der Tat Luthers gereift. Was er gestreut hat, ist wunderbare Ernte geworden, und darum wird aus diesen Liedern die evangelische Christenheit immer neu schöpfen.

Das Bekenntnis

»Gott sitzt im Regimente
und führet alles wohl«

zeigt diese Glaubensgröße, die wie aller wahre Glaube Kindesherz und Heldenmut in eins flicht. Kein Wunder, daß Gerhardt so gern das Bild von dem Kinde gebraucht, das an Gottes Herzen ruht und, wie in der Mutter Schoß geborgen, auch in allen Stürmen unverzagt und ohne Grauen bleibt.

Aber aller dieser fröhliche Glaube ist gegründet in den großen Taten Gottes, die zu unserer Erlösung geschehen sind. Er quillt aus den Tatsachen der Schrift: Weihnacht, Karfreitag, Ostern, Pfingsten. Vor allem in seinen Weihnachtsliedern hat er das mächtige Thema, das Luther angeschlagen hat, weitergeführt. Das Adventslied *Wie soll ich dich empfangen* beginnt diese Klänge:

Was hast du unterlassen,
zu meinem Trost und Freud,
als Leib und Seele saßen
in ihrem größten Leid?
Als mir das Reich genommen,
da Fried und Freude lacht,
da bist du, mein Heil kommen
und hast mich froh gemacht.

Und an Weihnachten klingt es in vollen Chören. So wie Luther gesungen hat von Gottes Sohn: der »den aller Weltkreis nie beschloß, liegt nun in Mariens Schoß« – so ist es auch Gerhardt das Wunder aller Wunder: Der Ewige nimmt seine Wohnung in der armen Menschengestalt (*Fröhlich soll mein Herze springen*):

Heute geht aus seiner Kammer
Gottes Held,
der die Welt
reißt aus allem Jammer.
Gott wird Mensch, dir, Mensch, zugute.
Gottes Kind
das verbind't
sich mit unserm Blute.

Den Gegensatz zwischen der Krippe in der geringen Armut und der Gottesherrlichkeit, die sich zu der Sünderwelt herabneigt, zeigt der Dichter in Worten auf, die ganz nah heranreichen an Luthers gewaltiges Weihnachtslied »Gelobet seist du, Jesu Christ«:

Nun bist du hier, da liegest du,
hältst in dem Kripplein deine Ruh;
bist klein und machst doch alles groß,
bekleidst die Welt und kommst doch bloß.

160

Du hast dem Meer sein Ziel gesteckt
und wirst mit Windeln zugedeckt,
bist Gott und liegst auf Heu und Stroh,
wirst Mensch und bist doch A und O.

Du bist der Ursprung aller Freud
und duldest so viel Herzeleid,
bist aller Heiden Trost und Licht,
suchst selber Trost und findst ihn nicht.

Neben diesem *Wir singen dir Immanuel* steht dem Dichter das heilige Wunder der Passion Jesu. Gerhardt hat das Kreuz auf Golgatha in Liedern besungen, die zu den wesentlichen der evangelischen Christenheit zählen. Man hat darauf hingewiesen, daß Luther kein Passionslied gedichtet hat. Ihm sei Ostern die Vollendung der Erlösungstat Gottes gewesen. Gewiß hat Luther sich mit seinem Wort »vivit« – er lebt – die ganze Fülle seiner Glaubensfreudigkeit immer wieder aufs neue erobert. Aber man kann doch sagen, daß das Kreuz verborgen hinter seinen Liedern steht. Seine Theologie des Kreuzes ist die »heimliche Theologie«, die stille Kraft seines fröhlichen Glaubens. Gerhardt hat dies Geheimnis des Kreuzes in seinen Liedern zu singen vermocht. Es ist einmal in dem Lied »Ein Lämmlein geht« die ganze Schwere des Sühnetodes zum erschütternden Ausdruck gekommen – aber dem Dichter geht erst dann das Herz ganz auf, wenn er das Bild des leidenden Herrn der glaubenden Gemeinde vor Augen malen darf. Man hat davon gesprochen, daß in dem Lied »O Haupt voll Blut und Wunden« die Größe und Herrlichkeit der Erlösung nicht zum vollen Klange komme, sondern daß der Dichter sich damit begnüge, die Marter des Leidenden auszumalen, um den Beschauer zur tiefsten Sündenerkenntnis zu bewegen. Allein ich meine, daß man dieses Lied und das andere »O Welt, sieh hier dein Leben« so ansehen müsse, wie etwa ein Fra Angelico da Fiesole, der an dem Stamm des Kreuzes die Gemeinde der Glaubenden sich versammeln läßt, wie sie mit tiefem Schmerz das Trauerspiel ohnegleichen beschauen: In ihren Gesichtern drückt

161

sich das Weh aus, das keine Worte mehr finden kann, und die Zerknirschung des Schuldigen, der die Marter des Unschuldigen mitleiden muß in seinem Innersten: »Meine Schuld, meine Schuld, meine größte Schuld!«

So kann doch nur die Anbetung selber sprechen:

> O Welt, sieh hier dein Leben
> am Stamm des Kreuzes schweben,
> dein Heil sinkt in den Tod.
> Der große Fürst der Ehren
> läßt willig sich beschweren
> mit Schlägen, Hohn und großem Spott.

So lang sich empfängliche Herzen in die Schrecken dieses Todes versenken, wird ein solcher Klang aus ihrem Innern kommen. Und das Bekenntnis:

> Ich, ich und meine Sünden,
> die sich wie Körnlein finden
> des Sandes an dem Meer,
> die haben dir erreget
> das Elend, das sich schläget
> und das betrübte Marterheer.

wird der Schmerz über das unfaßliche Rätsel des schrecklichen Todes des Unschuldigen hinüberführen zu der tiefen Not der Seele darüber, daß Menschheitssünde solches vermochte, die Sünde, an der auch ich meinen Teil trage. »Alte Feinde mit neuem Gesicht« – und ich mitten unter ihnen. »Ich aber, ich traf ihn mitten ins Herz!« Wer die Matthäuspassion gehört hat, weiß, wie gerade der Vers:

> Ich bin's, ich sollte büßen
> an Händen und an Füßen
> gebunden in der Höll';
> die Geißel und die Banden

162

und was du ausgestanden,
das hat verdienet meine Seel'.

die Seele des Hörers aufrütteln kann.
Und wie innig und zart wird dann der Gesang, wenn dieser sündige Mensch zu dem Bild der Marter kommt, um von der Gnade, die sich dort offenbart, erhoben zu werden zu dem Gelöbnis:
Ich bin dein!

Ich bin, mein Heil, verbunden
all' Augenblick und Stunden
dir überhoch und sehr;
was Leib und Seel' vermögen,
das soll ich billig legen
allzeit an deinen Dienst und Ehr'!

Der Ort des Verzweifelns wird zur Stätte des Friedens:

Du nimmst auf deinem Rücken
die Lasten, die mich drücken
viel schwerer als ein Stein;
du wirst ein Fluch, dagegen
verehrst du mir den Segen,
dein Schmerzen muß mein Labsal sein.

So leuchtet das Evangelium über die Nacht der Todesmarter.
Über das Siegeslied des Osterfestes (s.S 40) geht der Dichter zum Pfingstfest. Hier zeigt sich seine Schranke. Ihm ist der Geist die Kraft Gottes, die im einzelnen Gläubigen wirkt; der große Pfingstglaube der Gründung der Kirche Christi durch das Wehen des Gottesgeistes findet bei ihm keinen dichterischen Ausdruck. Hier ist das »Ich«-Lied in seiner Innigkeit und Wärme doch zu eng gegenüber dem »Wir«, das aus dem Lied Michael Schirmers heraustönt: »O heil'ger Geist, kehr bei uns ein!« So mag es wohl gekommen sein, daß dies Lied Schirmers, obwohl es dichterisch nicht an die Sprache von »Zeuch ein zu deinen Toren« heran-

reicht, das eigentliche Pfingstlied der evangelischen Kirche geworden ist. Aber gerade die aufrichtige Glaubensfröhlichkeit des Liedes »Zeuch ein zu deinen Toren« bildet eine notwendige Ergänzung zu dem Lied von der Kirche bei Michael Schirmer. Gerhardt hat auch in anderen Liedern das Wirken des Geistes gefeiert:

> Sein Geist wohnt mir im Herzen,
> regiert mir meinen Sinn,
> vertreibet Sorg und Schmerzen,
> nimmt allen Kummer hin.

> Sein Geist spricht meinem Geiste
> manch süßes Trostwort zu:
> wie Gott dem Hilfe leiste,
> der bei ihm suchet Ruh'.

Das ist Lutherglaube, der in der Erklärung des dritten Glaubensartikels im Kleinen Katechismus seinen Ausdruck gefunden hat. Und darum bleibt Gerhardt gerade in seinen Versen über die Wirkung des Gottesgeistes auf dem klaren lutherischen Boden. Fern von aller Schwärmerei, die in dem Geist Gottes »das innere Licht« schaut, das dem Gotteskind die Bahn durch das Leben weist, und sich in mystischen Spielereien verliert, weiß er, daß der Gottesgeist nur durch »das Wort« wirkt, das in der Schrift gegeben ist:

> Seinen Geist, den edlen Führer,
> gibt er mir in seinem Wort,
> daß er werde mein Regierer
> durch die Welt zur Himmelspfort'.

Gerhardt ist der Kantor der großen christlichen Feste in der evangelischen Kirche geworden – aus lutherischem Grund und Boden heraus, in dem sein ganzes Leben wurzelt. Denn der Herzpunkt in seinem Singen ist »die Rechtfertigung aus dem Glauben«.

Paul Gerhardt hat dieses reformatorische Bekenntnis in seiner glaubensfreudigen Dichtkunst aussprechen dürfen – als die selige Erfahrung des Gerechtfertigten.

> Sein Sohn ist ihm nicht zu teuer,
> nein, er gibt ihn für mich hin,
> daß er mich vom ew'gen Feuer
> durch sein teures Blut gewinn'.

So leuchtet ihm die Botschaft von der Seligkeit aus Gnaden allein in ihrem ew'gen Wunder und Geheimnis trostvoll aus der Ewigkeit in die Zeit:

> Nicht, nichts kann mich verdammen,
> nichts nimmt mir meinen Mut;
> die Höll' und ihre Flammen,
> löscht meines Heilands Blut.
> Kein Urteil mich erschrecket,
> kein Unheil mich betrübt,
> weil mich mit Flügeln decket
> mein Heiland, der mich liebt.

Gerhardt hat sehr wenige eigentliche Bußlieder gedichtet. Sie sind mehr oder weniger in den Hintergrund getreten. Es sind die Lieder über Lukas 15, den 143. Psalm, den 15. Psalm, die man als Bußlieder bezeichnen kann. Aber auch in ihnen ist viel mehr als das helle Licht der Gnade Gottes besungen als »die tiefe Not« der Menschensünde. *Weg, mein Herz, mit dem Gedanken* sagt er beim Blick auf den Irrweg, den das verlorene Schäflein durch die Schrecken der Wüste geht:

> Er ist ja kein Bär noch Leue,
> der sich nur nach Blute sehnt;
> sein Herz ist zu lauter Treue
> und zur Sanftmut angewohnt.

Diese Schrecken der Wüste verschwinden unter dem erbarmenden Blick des treuen Hirten, der sich nicht sein verlorenes Schäflein verderben läßt, sondern ihm suchend nachgeht:

> Kein Hirt kann so fleißig gehen
> nach dem Schaf, das sich verläuft;
> sollt'st du Gottes Herze sehen,
> wie sich da der Kummer häuft,
> wie es dürstet, ächzt und brennt
> nach dem, der sich abgewend't
> von ihm und auch von den Seinen,
> würdest du vor Liebe weinen.

Er weiß davon zu sagen in *Herr, höre, was mein Mund*:

> Du bist rein und gerecht,
> ich bin ein böser Knecht;
> ich bin in Sünden tot,
> du bist der fromme Gott,
> der Sünde vergibet.

Der Blick wendet sich immer sofort auf die unfaßliche Gottesgüte, sooft auch der Dichter seine Armut und Schwäche erkannt hat:

> Willst du nichts sehen an,
> als was ein Mensch getan,
> so wird kein Menschenkind
> von wegen seiner Sünd'
> im Himmel bestehen –

bekennt er in Anlehnung an Luthers »Denn so du willst das sehn an, was Sünd' und Unrecht ist getan, wer kann, Herr, vor dir bleiben« – aber dann weiß er sich zu trösten in dem Blick auf seinen Erlöser:

Sieh an, wie Jesus Christ
für mich gegeben ist:
der hat, was ich nicht kann,
erfüllt und gnug getan
im Leben und im Leiden.

Er kennt Stunden schwermütiger Erkenntnis seiner Armut:

Ich lechze wie ein Land,
dem deine milde Hand
den Regen lang entzeucht,
bis Kraft und Saft entweicht,
und alles verdorret.

Aber er flüchtet sich getrost zu dem, der nach dem Worte des
Matthias Claudius den Regen wohl schickt, wenn's dürre ist,
und den Hirsch nicht umsonst nach frischem Wasser schreien
läßt:

Gleich wie auch auf der Heid'
ein Hirsch begierlich schreit
nach frischem Wasserquell,
so ruf' ich laut und hell
nach dir, o mein Leben!

Seine große kindliche Liebe zu Jesus, dem Heiland, muß besonders genannt werden. Wenn er an seinen Herrn Jesus Christus
denkt, tun sich ihm alle Himmel auf. In einem Adventslied, das
sonst nicht zu seinen bedeutenden Liedern gehört, ist die Freude
an seinem Jesus das verborgene Klingen, in dem das Lied sich
zur poetischen Kraft erhebt:

Warum willst du draußen stehen,
du Gesegneter des Herrn?
Laß dir, bei mir einzugehen,
wohlgefallen, du mein Stern.

In der Welt ist alles nichtig,
nichts ist, das nicht kraftlos wär.
Hab' ich Hoheit? Die ist flüchtig.
Hab' ich Reichtum? Was ist's mehr
als ein Stücklein armer Erd'?
Hab' ich Lust, was ist sie wert?
Was ist's, das mich heut erfreuet,
das mich morgen nicht gereuet?

Aller Trost und alle Freude
ruht in dir, Herr Jesu Christ:
dein Erfreuen ist die Weide,
da man sich recht fröhlich ißt.
Leuchte mir, o Freudenlicht,
ehe mir mein Herze bricht:
laß mich, Herr, an dir erquicken,
Jesu, komm, laß dich erblicken.

Noch inniger in *Warum sollt' ich mich denn grämen?*:

Herr, mein Hirt, Brunn aller Freuden,
du bist mein, ich bin dein,
niemand kann uns scheiden.
Ich bin dein, weil du dein Leben
und dein Blut mir zu gut
in den Tod gegeben;
du bist mein, weil ich dich fasse
und dich nicht, o mein Licht,
aus dem Herzen lasse.
Lass' mich, lass' mich hingelangen
da du mich und ich dich
leiblich werd umfangen.

Das sind die echten Töne der Christenfrömmigkeit aller Zeiten.
Darin klingen sie zusammen, die Lieder aus der frühen Christenheit und die Bekenntnisse der Reformatoren. Gleicherweise Lu-

ther in seinem Wort zum zweiten Artikel: »Jesus Christus, mein Herr, der mich verlorenen und verdammten Menschen erlöset hat ... daß ich sein eigen sei und in seinem Reiche unter ihm lebe und ihm diene« und die Väter des Heidelberger Katechismus: »Das ist mein einziger Trost, daß ich mit Leib und Seele, beides im Leben und im Sterben, nicht mein, sondern meines getreuen Heilands Jesu Christi eigen bin!« Die reine und getroste Freude, die sich geborgen weiß in der ewigen Heilandsliebe. Kein Gefühlsüberschwang, kein Untergehen des vergänglichen Menschen in einer ewigen Lebensflut, wie die Mystiker es zu allen Zeiten gesucht haben, sondern das ruhige Stehen auf dem Grund der heiligen Gottesliebe, die sich in Jesu offenbart.

Wenden wir uns zum einfachen Tagesleben! Es gehört zu dem Bild unseres Dichters. Er stand fest auf dem Erdboden und hat mit all den vielen, die ihre Last tragen, fröhlich sein Bündel auf den Schultern gehabt. Man hat davon gesprochen, daß Gerhardts Lieder wie alle die Pfarrerslieder jener Zeit aus dem Mittelstand herausgekommen sind. Es sei das Bekenntnis der »kleinen Leute«, die in stiller Anspruchslosigkeit und großer Genügsamkeit ihre oft schweren Lebenslose getragen haben. Das mag richtig sein. Aber man darf doch nicht vergessen, daß dieser »Mittelstand« in der Zeit nach dem großen Krieg beinah das ganze Volk umfaßt hat. Es war die Zeit der ungeheuren Verarmung, aus der sich alle diese Bauern und Handwerker und Geschäftstreibenden genau so gut wie die Beamten und großen Kaufleute mühsam und schwer herausgearbeitet haben.

Schauen wir uns den »Trostgesang christlicher Eheleute« an. Jeglicher Überschwung fehlt. Die Liebeslieder aller Zeiten haben kein Echo darin.

> Wie schön ist' doch, Herr Jesu Christ,
> im Stande da dein Segen ist,
> im Stande heil'ger Ehe!
> Wie steigt und neigt sich deine Gab'
> und alles Gut so mild herab
> aus deiner heil'gen Höhe!

Wenn Mann und Weib sich wohl verstehn
und unverrückt zusammengehn
im Bande reiner Treue,
da geht das Glück in vollem Lauf,
da sieht man, wie der Engel Hauf
im Himmel selbst sich freue.

Der Dichter weiter von dem Sturme spricht, der das Glück zu
zerschlagen, und von dem Wurm, der es zu zernagen droht – darüber steht die Gabe Gottes:

Vor allen gibt er seine Gnad,
in deren Schoß er früh und spat
sein Hochgeliebten heget.
Da spannt sein Arm sich täglich aus,
da faßt er uns und unser Haus
gleich als ein Vater pfleget.

Und dann besingt er das Weib als die Sonne des Hauses. Da sind
Söhne und Töchter – und es zwingt uns ein gerührtes Lächeln ab,
wie dann der Vers kommt, der unserem Sprachgefühl nicht mehr
eingehen will, von den »Tocken, die den Wocken abespinnen«. Und
ebenso, wenn er die Trübsalszeiten schildert, die nicht ausbleiben:

Zwar bleibt's nicht aus, es kommt ja wohl
ein Stündlein, da mein Leides voll
die Tränen lässet schießen.
Jedennoch, wer sich in Geduld
ergibt, des Leid wird Gottes Huld
in großen Freuden schließen.
Schweige,
beuge
dich ein wenig:
unser König
wird behende
machen, daß die Angst sich wende.

Das klingt nach »Knittelversen«. Aber es spricht doch eine Lebenserfahrung daraus, die sich in dieser kindlich-treuherzigen Weise kundtut. Da gilt es, dahinter das Herz des Dichters zu sehen – wie denn auch das Lied vom »wundervollen Ehestand« wie eine in Reime gefaßte Traurede erscheint, die von den geheimnisvollen Führungen spricht, in denen Gott Menschenherzen zusammenbringt: Ahasver und Esther, Tobias und Sara, David und Abigail, Jakob und Rahel, Joseph und Asnath, Mose und Zippora! (Aus *Voller Wunden, voller Kunst*):

> Ihre Lieb' ist immer frisch
> und verjüngt sich fort und fort:
> Liebe zieret ihren Tisch
> und verzuckert alle Wort;
> Liebe gibt dem Herzen Rast
> in der Müh – und Sorgenlast.

Hört man nicht auch durch diese nicht gerade gelenken Worte den treuen Seelsorger, der einem jungen Paar die Weisung zum Frieden gibt?
So fest Gerhardt auf der Erde steht, so wenig hat ihm die Erde das letzte Wort zu sagen. Gerade weil er Welt und Leben kennt und nicht vergötzt. Jenes Wort vom »Optimismus« Gerhardts ist auch nach dieser Richtung hin recht schief. Er weiß von der Fragwürdigkeit des Menschenlebens erschütternde Töne zu sagen. Neben all jenen Liedern, in denen die Glaubensfreude jauchzt, stehen Lieder, in denen ihm die Schwere des Erdendaseins in ihrer eisernen Härte erscheint, so daß man ihn mit demselben Recht einen furchtbaren Pessimisten nennen könnte.

> Ich hab' oft bei mir selbst gedacht,
> wenn ich den Lauf der Welt betracht',
> ob auch das Leben dieser Erd'
> nur gut sei und des Wünschens wert,
> und ob der nicht viel besser tu,
> der sich fein zeitlich legt zur Ruh.

Denn, Lieber, denk und sage mir:
was für ein Stand ist wohl allhier,
dem nicht sein Angst, sein Schmerz und Weh
alltäglich überm Haupte steh'?
Ist auch ein Ort, der Kummers frei
und ohne Klag' und Tränen sei?

Sieh unsers ganzen Lebens Lauf:
ist auch ein Tag von Jugend auf,
der nicht sein eigne Qual und Plag
auf seinem Rücken mit sich trag?
Ist nicht die Freude, die uns stillt,
auch selbst mit Jammer angefüllt?

Jene erschütternde Beschreibung seines eigenen Lebens in dem Lied »Ich bin ein Gast auf Erden« ist an unserem Auge vorübergegangen als das Zeugnis eines Menschen, dem es wahrhaftig fern gelegen hat, in lauter Jubel durch die Erdentage zu gehen.

In dem Lied *Auf den Nebel folgt die Sonne* blickt uns ein schmerzdurchzucktes Antlitz an, über das man erschrecken könnte:

Ach, wie ofte dacht' ich doch,
da mir noch des Trübsals Joch
auf dem Haupt und Halse saß
und das Leid mein Herze fraß:
nun ist keine Hoffnung mehr,
auch kein Ruhen, bis ich kehr'
in das schwarze Totenmeer.

Ist das wirklich derselbe Mann, der den Vers gedichtet hat von dem »Herzen, das in Sprüngen geht?«

Aber alle diese Bekenntnisse weisen nur, wie tief auch dieser Dichter all die Nichtigkeit hat einsehen müssen, die sich hinter so viel Wichtigkeit der Eiteln und Hoffärtigen birgt. Er hat keine Schminke gebraucht, um sich über diese Nichtigkeiten hinwegzutäuschen. Das Wort des alternden Faust:

172

> »Es klang so nach, als hieße es – Not,
> ein düstres Reimwort folgte – Tod« –

hätte auch er sprechen können. Aber er hätte es in Wirklichkeit nicht gesprochen. Denn er wußte ein besseres Reimwort. Das ist das Reimwort: Gott. Und mit diesem Wort »Gott« hat sich bei ihm ein anderes Wort verbunden: das ist das Wort der »Ewigkeit«. Mit Gott über die Not triumphieren, ist seiner Trostlieder leuchtender Stern. Aber mit Gott auch den Tod bezwingen, ist all dieser schwermütigen Lebensbetrachtung Lösung! Da er die güldne Sonne über seinem Erdentag aufgehen sieht und ihre Strahlen die herrliche Gotteswelt erhellen, geht der Blick noch viel weiter hinaus über diese Erde, über der doch das Wort von der Vergänglichkeit steht:

> Und wo die Frommen dann sollen hinkommen,
> wann sie mit Frieden von hinnen geschieden
> aus dieser Erde vergänglichem Schoß.

»Mit Frieden« – darin liegt das wahre Lösewort! Ein Dichter des 18. Jahrhunderts, Theodor Gottlieb von Hippel, berichtet, was seine Mutter über Gerhardts Lieder sagte: »Er war ein Gast auf Erden, und überall in seinen Liedern ist Sonnenwende gesät. Diese Blume dreht sich beständig nach der Sonne und Gerhardt nach der seligen Ewigkeit!« Das Erdenleid wird aufgehoben durch den Himmelfrieden. Für ihn ist die Ewigkeitshoffnung die Zuversicht, daß in Gott die Vollendung ist. Das gibt ihm die unverwüstliche und unzerstörbare Freude am Leben, auch am Leben auf der Erde, daß er darüber hinausblicken kann. Daß »Leben« nichts anderes ist als: in Christus sein zu dürfen, solange man hier seinen Weg geht. Das ist die gesunde Ewigkeitshoffnung, die nicht blind macht gegen die Welt, aber auch ebenso wenig müde macht in der Welt. Aber die getrost ihres Weges geht, weil die Ewigkeit kommt, in der er

> Stets freudenvoll
> gleich als die helle Sonne
> nebst andern leuchten soll!

»Der Tod selbst ist mein Leben« – wer so jubeln kann, der ist »befreit von allem Streit«, dem ist »Zeit zur Ewigkeit geworden«, und dem leuchtet die Ewigkeit hell herein in die Zeit! Es gibt ein Lied auf Herrn Johann Adam Preunels letztes Wort »ego sum in Christo et Christus est in me« (Ich bin in Christus und Christus ist in mir):

> Wer selig stirbt, stirbt nicht!
> Ein guter Tod gedeiht zum Leben
> und macht die Seel' in Freuden schweben
> vor Gottes Angesicht.
> Laß alles fallen und vergehen,
> wer Christo stirbt, bleibt ewig stehen.
>
> Herr Jesu, du bist mein!
> Du hast dich selber mir geschenket,
> auch bin ich dir ganz eingesenket
> und leb und sterbe dein!
> Uns soll kein Kreuz, kein Schmerz, kein Leiden,
> ja, uns soll auch der Tod nicht scheiden.

Diese schlichte Strophe zeigt die ruhige Zuversicht des Dichters, dem die Ewigkeitshoffnung Anker im Strom der Zeit ist. Darum wird ihm das Erdenleben erst recht wichtig und die Erdenwelt erst recht schön. Denn sie ist Abglanz einer vollkommenen Freude, zu der Gott die Seinen berufen hat. Das ist »christliche Ewigkeitshoffnung« in ihrer gesunden Kraft. Die Freude behält das letzte Wort, wenn das Ohr alle Mißtöne des Erdendaseins gehört hat!
Wer die Dichtung Paul Gerhardts im ganzen überschaut, wird ihre Grenzen und Schranken wohl sehen müssen. Er schafft nicht an dem Webstuhl einer neuen Zeit. In den Geisteskämpfen, die um das Kommen solcher neuen Zeit geführt werden, sieht man ihn nicht. Er sucht den Hort des Friedens, an dem sich die erregten Wogen glätten.
Aber woher sollen diese gewaltigen Geister kommen in jener Zeit, in der der Krieg die Blüte der Jugend genommen hatte? In

jener Zeit, in der das Landesherrentum sich langsam zum Abso-
lutismus auswuchs und das Bürgertum, durch die lange Drangsal
zermürbt, von seiner stolzen Höhe herabsank, in demütiger
Unterwerfung unter den Herrn sich beugte, der im »Gottesgna-
dentum« sich sonnte? Die erobernden Geister gedeihen nicht in
solcher Luft.

Der Glaube wurde mehr und mehr zur stillen Kraft, die das
schwere Leben durch das Tragen und Dulden zu meistern wußte. Es gibt ein Heldentum der Tatkraft und ein Heldentum der
Tragkraft. Dieses Heldentum der Tragkraft fällt nicht in die Augen, es findet kaum jemals einen Geschichtsschreiber. Es gibt
immer Zeiten, in denen die Stürmer, die das Reich Gottes mit
Gewalt an sich reißen, das Wort haben müssen – aber es gibt
ebenso immer wieder Zeiten, in denen die Stille, die Ergebung,
das unverzagte Hoffen vorn dran stehen. Die Kunst, sich durch
den scheinbar sinnlosesten Weltlauf »nicht drausbringen zu lassen«, die Welt »stürmen und toben« zu lassen und indes »in si-
cherer Ruhe Gott loben zu können« – ist auch eine Gottesgabe,
die in der Zeit des 17. Jahrhunderts als ein verborgener Kraft-
strom durch das evangelische Volk floß. Ihr Sänger ist Gerhardt
gewesen, und darum wird er, solang es auf dieser Welt nicht bloß
zu streiten, sondern ebenso gut zu leiden gilt, der Sänger der
Überwinder sein, die in Gottes Kraft und Gnade ihren Weg getrost ziehen als »die Pilgrime und Fremdlinge«, die auch am
Rand ihres Weges die Blüten dankbar sehen, die Gottes Freundlichkeit ihnen dort erwachsen läßt.

Die Lieder klingen weiter

Die Lieder Gerhardts sind als Lieder erschienen, nicht als Gedichte. Die Bücher, in denen sie zum erstenmal gedruckt worden sind, waren Gesangbücher. Jedoch keine Gesangbücher, die man in der Kirche beim Gottesdienst gebraucht hat. Sondern Gesangbücher, aus denen die Hausgemeinde morgens und abends zu ihrer andächtigen Erbauung ihre Weisen genommen hat.

Es hat lange Zeit gedauert, bis sie ihren Weg in die Gesangbücher der Gottesdienstgemeinde gefunden haben. Die Lieder der Reformatoren, vor allem Luthers, waren für die fromme Gemeinde die geheiligten Lieder, neben die man keine anderen zu stellen gewagt hat.

Erst lang nach dem Tod Gerhardts sind Stimmen gekommen, die davon sprachen, daß man diese Lieder auch im Gottesdienst singen solle. Der Dresdener J.S. Adami hat ums Jahr 1693 geschrieben, daß Paul Gerhardt und Johann Georg Ebeling »eine Zeitlang her viel tausend Christen in ihrer Andacht ermuntert haben durch ihre sehr wohlgesetzten Lieder, die wert wären, daß sie in die Kirchen introduziert würden. Denn ob zwar in vielen Hofkapellen und Kirchen wie auch andern Städten nicht zugegeben wird, daß man andere als Luthers Gesänge brauche, so könnte man wohl bisweilen ein solch schön Lied mit unterlassen, wie denn auch schon manchmal geschehen.«

Der Hallische Waisenhausdirektor, Schwiegersohn und Nachfolger von August Hermann Francke, der selbst ein begabter Dichter gewesen ist – er hat zum Beispiel das Lied »Wer ist wohl wie du« und das Lied »Der Tag ist hin, mein Jesu bei mir bleibe« gedichtet –, Johann Anastasius Freylinghausen, hat 1704 ein Gesangbuch herausgegeben und darin 83 Gerhardt-Lieder aufgenommen. Der gemütsinnige, zarte Mann hat in diesem Dichter die verwandte Saite in seiner Liebe zu Jesus Christus verspürt. Sonst hat merkwürdigerweise der Pietismus von Gerhardt nicht allzu viel wissen wollen.

Der Lutheraner Erdmann Neumeister aber, der Dichter von »Jesus nimmt die Sünder an«, hat ihn einen »wahrhaft christlichen, lieblichen und durchsichtigen Dichter« genannt. Wie hat der Dichtergeist das Innige und Volkstümliche in der Poesie Gerhardts gespürt.

Immerhin war Gerhardt im Beginn des 18. Jahrhunderts als Kirchenliederdichter erkannt und anerkannt. Sonst hätte nicht J.S. Bach seine Lieder für die Matthäus-Passion verwendet. Ich habe schon darauf hingewiesen, wie gleich der erste Gerhardt-Vers »Ich bin's, ich sollte büßen« auf die entsetzte Frage der Jünger beim letzten Mahl, »Herr, bin ich's?« als Antwort der ganzen Menschheit ertönt. Und niemand kann sich ausnehmen! Nach dem Mahle gehen die Jünger mit ihrem Herrn an den Ölberg. Er verkündet ihnen das furchtbare Geschick dieser Nacht, daß »der Hirte geschlagen wird und die Schafe der Herde sich zerstreuen werden«. Da faßt sich die Glaubensgemeinde ein Herz: »Erkenne mich, mein Hüter, mein Hirte, nimm mich an.« Sie kann nicht von ihm weichen, dem Quell aller Güter, der ihr so viel Gutes getan. Und da des Petrus rasches Bekenntnis aus eifervollem Herzen herausbricht »und wenn ich mit dir sterben müßte, so will ich dich nicht verleugnen«, kommt in tiefer Besinnung das Gelöbnis der Gemeinde: »Ich will hier bei dir stehen, verachte mich doch nicht«. Nicht die trotzvolle Ansage der Menschenkraft, sondern die demütige Bitte um das ewige Erbarmen, das erst menschliches Wollen zu heiligen vermag. Die Geißelhiebe fallen auf den Rücken des Gotteslammes – »wer hat dich so geschlagen, mein Heil, und dich mit Plagen so übel zugericht't?« fragt die Gemeinde voll Traurigkeit: Das Rätsel vom Leiden des Unschuldigen steht dunkel und hart vor ihr. Der von seiner Regierung Verurteilte steht vor dem römischen Landpfleger. Der Römer will wissen, ob die Klagen zu Recht bestehen. Aber Jesus – antwortet ihm nicht ein Wort. »Befiehl du deine Wege« ruft ihm die Gemeinde zu. Nirgends ist dieser Hymnus vom Vertrauen auf die göttliche Weltregierung gewaltiger und erschütternder gesungen worden als dort, wo der Himmel selbst sein Haupt zu verhüllen scheint über die Finsternis der Menschheitslüge und nur die göttliche Hoheit des Erlösers das einzige Licht bleibt, das durch dies Dunkel hindurchbricht. Die Spottszene spielt sich ab, als die Kriegsknechte den Dorngekrönten anbeten »Judenkönig, gegrüßet seist du!« – aber die Gemeinde hebt die Hände zu ihm empor: »O Haupt voll Blut und Wunden! O Haupt, sonst schön gezieret mit höchster Ehr und Zier, jetzt aber hoch schimpfieret, gegrüßet seist du mir!« Sie weiß, daß er der König ist, der König der Ewigkeit! Und kann auf das Wort des Evangelisten »Jesus schrie laut auf und verschied« eine bessere Antwort kommen als die »Wenn ich einmal soll scheiden, so scheide nicht von mir«?

Es hat lange gedauert, bis die evangelischen Christen von dem Reichtum der Lieder Gerhardts wirklich etwas verstanden haben. Noch ein Friedrich der Große hatte das Lied »Nun ruhen alle Wälder« töricht und dummes Zeug geheißen. Die Gebildeten seiner Zeit rümpften die Nase über Vieh, Schuhe und andere Ausdrücke; die Geistreichen bemerkten, daß die erste Strophe reiner Unsinn sei: Wie könnten die toten Wälder ruhen, die nie wachen?

Die Matthäus-Passion ist verloren gegangen, hundert Jahre lang vergessen! Die Zeit des Rationalismus hat für sie kein Verständnis gehabt, und ebenso ist der Choraldichter der Matthäus-Passion von der nüchternen Zeit des Rationalismus nicht mehr in seiner kindlichen Gläubigkeit und seiner treuen Bibelfrömmigkeit begriffen worden. Auch diese Lieder hat man in die Rumpelkammer getan, in der alles »Mittelalterliche« damals verschwinden mußte. Die gotischen Dome hat man vielfach niedergelegt und die Pracht der Barockkirchen dafür hingestellt. Langatmige Lieder von der Tugend und der Vorsehung sind »gedichtet« worden und haben dickleibige Gesangbücher gefüllt. Naturlieder von breiter Behaglichkeit sollten der Gemeinde der Glaubenden die Herrlichkeit Gottes in der schaffenden Welt weisen. Und doch waren sie alle zusammengenommen nicht so viel wert, wie das einzige Lied »Geh aus, mein Herz, und suche Freud«. Es war herzlich gut gemeint, jenes Versuchen, mit dem Verstand die göttlichen Geheimnisse zu ergründen und den Zweifelnden und Unsicheren einen neuen Grund und Boden unter die Füße zu geben. Nur daß man nicht sah, daß dieser scheinbar feste Grund nichts war als – Sand, und von dem Haus, das auf den Sand gebaut ist, hat der Herr das Gerichtswort für alle Ewigkeit gesprochen.

Freilich, auch in dieser Zeit gab es Menschenherzen, die etwas wußten von der Kraft des Glaubens in Gerhardts Liedern. Ein Freiherr vom Stein hat das wackere Wort über die damaligen Gottesdienste mit ihren vernunftnüchternen Predigten gesagt: »Ist die Predigt schlecht, so erklingt doch noch mitunter ein Lied von D. Luther oder Paul Gerhardt, und wenn man fromm sein will, geht's doch!« Und er hat diese Lieder nicht einmal in ihrer ursprünglichen Kraft gehört, sondern »verbessert« nach dem neuen Zeitgeschmack. Wie leuchtete auch durch ihre verwässerten Strophen hindurch noch etwas von ihrer ursprünglichen Lebensfrische!

Erst im 19. Jahrhundert haben die Gerhardt-Lieder ihre Komponisten gefunden.

Es ist schade, daß die »Großen« sich nie an die Vertonung dieser Gesänge gemacht haben. Schon damals, als Gerhardt lebte, hat Heinrich Schütz zwar die wenig bedeutenden Psalmen von C. Becker in Tonweisen gesetzt, aber die Lieder Gerhardts scheinen ihm nicht vor Augen gekommen zu sein. Johannes Brahms hat Paul Fleming als Textdichter zu religiösen Liedern erwählt – Gerhardt war ihm wesensfremd. Max Bruch hat das Sommerlied vertont, frisch und herzlich. Herzogenberg hat in schwerer Stunde seines Lebens die 9. Strophe aus dem Lied »Barmherziger Vater, höchster Gott« vertont:

> Ich hab dich einen Augenblick
> o liebes Kind, verlassen.
> Sieh aber, sieh, mit großem Glück
> und Trost ohn alle Maßen
> will ich dir schon die Freudenkron
> aufsetzen und verehren.
> Dein kurzes Leid soll sich in Freud
> und ew'ges Heil verkehren!

Und so ist es auch eine Tragik, daß Beethoven in seinen »Geist-lichen Liedern« die Dichtungen von Gellert zu einer himmli-schen Herrlichkeit emporgehoben hat, aber von Gerhardt nichts wußte. Auch ein Schumann hat manchmal tiefe religiöse Klänge angeschlagen – Gerhardt ist ihm fremd. Bei der Dreijahrhundert-feier des Geburtstages von Paul Gerhardt ist mit einemmal ein blühender Frühling von Liedern um Gerhardts Dichtungen auf-gebrochen. Ein Max Reger hat »Gib dich zufrieden« als sechs-stimmige Motette gesetzt, einen fünfstimmigen Satz zu »Ich hab in Gottes Herz und Sinn« geschaffen, die Lieder »Nun laßt uns gehn und treten« und »Ich singe dir« in dreistimmigem Satz ver-tont. Und außerdem findet sich von Reger ein vierstimmiger Satz von »Ich weiß, mein Gott, daß all mein Tun«, und eine gewalti-ge Choralkantate zu »O Haupt voll Blut und Wunden«. Herzo-genberg hat das Weihnachtslied »Kommt und laßt uns Christum ehren« als dreistimmigen Kinderchor in einem entzückenden Weihnachtsoratorium verwendet, und Albert Becker die Choral-motetten »Befiehl du deine Wege«, »Gib dich zufrieden und sei stille« und »Geh aus, mein Herz und suche Freud« geschaffen. Arnold Mendelssohn gab eine prachtvolle Komposition von »Auf, auf, mein Herz, mit Freuden« für Chor- und Gemeindege-sang unter Instrumentalbegleitung und in seinem »Evangeli-schen Choralbuch« eine Reihe von kraftvollen Sätzen zu Ger-hardt-Liedern. Dabei darf auch nicht unerwähnt bleiben, daß sein Namensvetter Felix Mendelssohn-Bartholdy einen Satz für Män-nerchor zu »Er nimmt auf seinen Rücken« geschaffen hat (in ei-nem unvollendeten Oratorium »Christus«).

Neben ihnen aber steht ein schlichter bayerischer Pfarrer, der als der eigentliche Paul-Gerhadt-Sänger bezeichnet werden muß. Es ist Friedrich Mergner (1818–1891). Er hat im Jahre 1876 »Paulus Gerhardts geistliche Lieder in neuen Weisen« herausgegeben: 122 Gerhardtsche Lieder hat er vertont, mehrere zwei-, drei- und viermal. Im ganzen gab er 136 Melodien. Ich setze die Beurtei-lung von Friedrich Spitta über den Tonsetzer hierher: »In denkbar anspruchslosester Form birgt sich ein Inhalt von geradezu stau-nenswertem Reichtum. Eine melodische Erfindungskraft, eine

Frische und Originalität in Harmonie und Rhythmus. Nie ist P. Gerhardt ein Mann entgegengetreten, der so imstande war, ihn in vollem Umfang und in seiner ganzen Eigenart zu verstehen, und der ihm zugleich zeitlich fern genug stand, daß sein Bild ihm so idealisiert werden konnte, wie es jedem Zeitgenossen von Gerhardt ausgeschlossen sein mußte. Andererseits weiß sich Mergner auch mit Gerhardt verbunden in der vollen Entschiedenheit des lutherischen Bekenntnisses. Eine Natur von ursprünglich viel größerer Leidenschaft und Schroffheit als der milde Gerhardt empfand er das, was anderen an dem Verhalten des Dichters der Entschuldigung bedürftig erscheint, gerade als richtig. Die Form von Gerhardts Orthodoxie mindert nicht den Zusammenklang mit dem Musiker, sondern verstärkte ihn nur.«

In unsern Tagen hat Ernst Pepping Gerhardts Lieder mit seiner Kunst neu erschlossen. Bis nach Afrika und in den fernen Osten erklingen die Lieder. Die Grenzen der Konfessionen haben sie überwunden. Die Katholiken haben ihnen längst einen Platz in ihren Gesangbüchern eingeräumt. Der Choraldichter unserer Gegenwart, Rudolf Alexander Schroeder (1878–1962) schrieb: »Es ist mir immer, als ginge die Sonne auf, wenn der Name Paul Gerhardt in mein Gedächtnis tritt. Was haben nicht unsere Klassiker diesem Sprachmeister und Sangesmeister zu danken? Wo vor ihm sind Weisen erklungen von so kristallener Reinheit des Tones und des Wortes wie ›Befiehl du deine Wege‹. Seine Lieder sind Wunder der Sprache, Wunder des innigen Gemütes, in deren Bann wir heutigen ebenso stehen wie die drei Jahrhunderte vor uns«.

Immer wieder gaben Liedstrophen Paul Gerhardts Bedrängten Kraft und Halt. Hören wir einige Beispiele davon:

In Württemberg war ein Streit ausgebrochen zwischen dem Herzog Karl Eugen und seinen Landständen. Der Herzog sah in dem »Landschaftskonsulenten« Johann Jacob Moser das Herz des Widerstandes gegen seine Steuerwünsche, die der Landtag nicht erfüllen wollte. Am 12. Juli 1759 ließ er ihn in das Schloß Ludwigsburg laden, um ihm seine Gefangensetzung anzukündigen und ihn sogleich auf die Festung Hohentwiel abführen zu lassen. Da sagte Moser zu dem Geheimsekretär, der im Vorzimmer arbeitete: »Unverzagt und ohne Grauen soll ein Christ, wo er ist, stets sich lassen schauen.« Dieses Wort wurde so bekannt im Lande, daß Moser nach fünf Jahren, als er aus der Haft entlassen wurde, von einem württembergischen Lehrer erkannt wurde, der mit den Worten auf ihn deutete: »Unverzagt und ohne Grauen«.

Matthias Claudius (1740–1815) hat sein Abendlied »Der Mond ist aufgegangen« dem Gerhardtschen Abendlied nachgedichtet. Er erzählte davon, daß er mit seiner Mutter dann, wenn es nicht war, wie es sein sollte, das Lied »Befiehl du deine Wege« gesungen habe. Seinem Freund Herder, der ihn nach seinen Zukunftsplänen in Wandsbeck gefragt hatte, schrieb er: »Übersetzen, Fortsetzung von Asmus herausgegeben und – Befiehl du deine Wege«.

In Rom weilte der große Kunstgelehrte Winckelmann (1717–1768). Er war katholisch geworden, aber er bestellte zu Hause ein evangelisches Gesangbuch. Als es kam, war er bitter enttäuscht, er fand sein Lieblingslied »Ich singe dir mit Herz und Mund« nicht darin. Er hatte es einst als Kurrendeschüler gesungen. Enttäuscht schrieb er an einen Freund: »Warum finde ich in dem Hannoverschen Gesangbuch mein Leiblied nicht? Lassen Sie diesen Mangel als eine Beschwerde von mir an das Konsistorium gelangen! Ich habe dieses Buch mit Not nach Rom kommen lassen und bin gezwungen, ein anderes Gesangbuch zu verschreiben. Es muß eine Ketzerei dahinter sein und verdient Ahndung«.

Am 14. September 1796 kam ein Trupp von 500 geschlagenen und flüchtenden Revolutionssoldaten in das hessische Städtchen Lißberg. Pfarrer Koch trat ihnen entgegen und mahnte sie, die friedliche Stadt menschlich zu behandeln. Ein Schuß streckte ihn nieder. Die Stadt wurde völlig ausgeplündert und in Brand gesteckt. Die Einwohner flohen. Nur in einem kleinen Häuschen blieb eine Mutter am Bett ihres kranken Kindes zurück, das sie nicht verlassen wollte. Das Toben der Soldaten kam näher. Das Haus erdröhnte von Kolbenschlägen. Die Tür flog krachend ins Zimmer. Voller Wut über die verschlossene Tür stürzte ein Soldat herein. Da legte die Mutter ihre Hände über das Kind und betete: »Breit aus die Flüglein beide ...« Bei diesem Anblick stutzte der Soldat. Er trat an die Wiege, sah lange das Kind an und legte vorsichtig seine große Hand auf sein Köpfchen. Dann reichte er der Mutter die Hand und ging schweigend davon. Als die Mutter vorsichtig zum Fenster trat, sah sie, wie der Soldat unter dem Birnbaum Wache hielt, bis der ganze Soldatentrupp beutebeladen abgezogen war.

Am 2. Juli 1800 erschienen französische Husaren im Dorfe Hächingen auf der Alb. Das Dorf wurde völlig ausgeplündert, am meisten aber das Pfarrhaus. Als die Franzosen am Abend fort waren, herrschte großer Jammer und tiefe Niedergeschlagenheit im Dorf. Pfarrer Gosch rief seine Gemeinde in die Kirche und hielt eine kurze, eindringliche Predigt, von der die Leute noch lange erzählt haben: »Es sind Räuber in unser Dorf gefallen. Was haben sie uns geraubt? Tugend und Unschuld, Ehre und guten Namen, Seele und Seligkeit? Haben sie uns das Neue Testament entrissen, den Zugang zu Gott versperrt, die Gemeinschaft mit dem Himmel abgeschnitten? Aber nein! Das sind nicht die Güter, denen Diebe nachstellen. Was denn? Etwas von unserem Überfluß, der sich leicht entbehren oder wieder ersetzen läßt. Hab ich doch Christum noch, wer will mir den nehmen?« Dann sang der Pfarrer mit seiner ausgeplünderten Gemeinde: »Warum sollt ich mich denn grämen« und still gingen alle in ihre zerstörten Häuser und begannen mit dem Aufbau. Dieses Lied trägt in alten Gesangbüchern die Überschrift: Ein christliches Freudenlied oder: Das beste Antimelancholikum.

Es war Spätherbst 1806. Die Schlacht von Jena und Auerstädt war verloren. Preußens Festungen ergaben sich. Die königliche Familie floh. In Marienwerder fand Königin Luise eine Unterkunft in einem einfachen Haus. Im Zimmer stand ein Klavier. Sie ging darauf zu, spielte und sang: Befiehl du deine Wege. Über diesem Lied steht in alten Gesangbüchern: Das Evangelium unter den Liedern.

Ernst Moritz Arndt sagte 1819 in seiner Schrift »Vom Wort und Kirchenlied«: »Die Menschen waren so schwächlich geworden, daß sie Schwälle für Klänge, Zierlichkeiten für Schmuck hielten. Sie verstanden das Leben und die Kunst nicht mehr, und also verstanden sie Gott und die Gewalt Gottes nicht mehr. Darum werden kümmerliche und geistlose Lieder in den Kirchen gesungen, weil man die stille Glut und einige Kunst der alten frommen begeisterten Gesänge nicht mehr empfinden konnte. Aber soll denn das Alte wieder eingeführt werden? Ich will nichts ›heiligen‹ von dem, was Luther gedichtet hat und was auch Paul Gerhardt so hell geklungen und gesungen hat. Denn siehe, es ist von sterblichen und sündigen Menschen. Aber auch aus dem Sterblichen und in dem Sterblichen wirkt und lebt der unsterbliche und unendliche Geist. Darum wette ich: Solange deutsch gesprochen wird, werden Luthers und Gerhardts meiste Lieder leben und in christlichen Kirchen gesungen werden, nicht weil der Luther oder Gerhardt sie gedichtet hat, sondern der Geist Gottes.«

Martin Flad (1831–1915) verkündigte in Abessinien das Evangelium. König Theodoros verfolgte ihn und brachte ihn fünf Jahre ins Gefängnis, dann wurde er zu Friedensverhandlungen nach England geschickt. Damit er wiederkäme, behielt der Herrscher – wie er spöttisch sagte – des Gesandten »Herz und Augen«, nämlich Frau und beide Kinder in Abessinien zurück. Damals, als die Frau im Alleinsein unter dem Anblick vieler Grausamkeiten lebte, schrieb sie in ihr Tagebuch: »Ach Herr, mein Gott, das kommt von dir, du, du mußt alles tun, du hältst die Wach an unsrer Tür und läßt uns sicher ruhn«.

Auch in der schwersten Zeit unseres Jahrhunderts haben die Gerhardtlieder ihre tröstende Kraft gezeigt. Wir lesen in einigen Feldpostbriefen des 2. Weltkriegs:

Ein Ludwigsburger, 19 Jahre, Anfang Dezember 1942 vermißt in Stalingrad, bekennt in einem Brief: »Wie ich euch schon geschrieben habe, komme ich bald nach Rußland. Dabei denke ich, daß mir, wenn es des Herrn Wille ist, der Herr genau so durchhelfen werde, wie er mir bisher durchgeholfen hat. Ich gehe mit dem Vers nach Rußland: Gut und Blut, Leib, Seel und Leben ist nicht mein ... Also, genau so, wie mir Leib und Seele nicht gehört, genau so gehört mir nicht mein Leben. Sehet, ich sehe jetzt mir das Leben immer wie ein Geschenk an, das mir der Herrgott gegeben hat und das ich wieder hergeben muß, wenn er's wieder will, um mir dann ein viel schöneres Leben wiederzugeben. Wenn es mir sonst schlecht gegangen ist, oder wenn es mir schlecht geht, hat mir immer der Spruch durchgeholfen: Schickt er mir ein Kreuz zu tragen ... Liebe Eltern, dieser Spruch hat mir schon über schwere Zeiten weggeholfen. Er wird mir auch weiterhelfen über so manche Not. Und mit dem ersten Spruch will ich nach Rußland ziehen und, wenn es sein muß, will ich ihn mir noch einmal hersagen, wenn ich vielleicht in meinen letzten Zügen liege. Also, liebe Eltern, Ihr braucht keine Sorge um mich zu haben; ich habe die Kraft dieser Sprüche schon verspürt ...«

Ein Theologiestudent aus Stuttgart, gestorben im November 1945 in französischer Kriegsgefangenschaft, schrieb als Neunzehnjähriger im Februar 1943: »Mir geht auf Posten, wo ich neben dem Lernen so viel Zeit habe zum Nachdenken, der unerschöpfliche Reichtum des Liedgutes von Luther bis Paul Gerhardt auf; das ist das Liedgut für unsere Zeit. Das paßt doch wirklich haarscharf auf unsere Verhältnisse, weil es, anders als die mehr gefühlsbedingten späteren Lieder, ganz von den Taten Gottes ausgeht – und von unserm unbedingten Einsatz für diese Tat. Paßt es nicht haarscharf auf unsere Zeit: Gib mir und allen denen, die sich von Herzen sehnen nach dir und deiner Hulde, ein Herz, das sich gedulde. Schleuß zu die Jammerpforten und laß an allen Orten auf so viel Blutvergießen die Freudenströme fließen. Oder: Die Welt, die mag zerbrechen ... Ein ganz starker Glaube steckt in all diesen Liedern – und ich kann viel lernen.

Ich will bitten, daß dieser Glaube wirklich Tat wird – da fehlt noch viel.«

Noch ein Theologiestudent, aus Obereßlingen, gefallen 1943, schrieb als Zwanzigjähriger in einem seiner letzten Briefe: »Die alten Choräle sind gleich neben die Bibel zu stellen. Die güldne Sonne z.B. hat mich heute so gefreut und getröstet. Es ist so, und ich zweifle nicht daran, daß dieser Zustand nicht immer dauert, sondern bald sich wieder in einen besseren verwandelt. Nach Meeresbrausen und Windessausen leuchtet der Sonne gewünschtes Gesicht. Freude die Fülle und selige Stille darf ich erwarten im himmlischen Garten. Darauf freue ich mich unsagbar. Oder das wunderbare Lied: Befiehl du deine Wege. Da könnte ich jeden Vers herschreiben, so gut passen sie alle. Der Wolken, Luft und Winden gibt Wege, Lauf und Bahn, der wird auch Wege finden, da dein Fuß gehen kann. Auch wenn ich schon lange keinen Weg mehr sehe. ›Weg hast du allerwegen, an Mitteln fehlt dirs nicht‹. ›Gott wird dich aus der Höhle, da dich der Kummer plagt, mit großen Gnaden rücken, erwarte nur die Zeit!‹ Und dann der Vers, der immer gilt: »Auf, auf, gib deinem Schmerze und Sorgen gute Nacht; laß fahren, was das Herze betrübt und traurig macht. Bist du doch nicht Regente, der alles führen soll; Gott sitzt im Regimente und führet alles wohl.‹ Das löst einem doch alle Verkrampfung und Qual in wunderbarer Weise. Ja, Paul Gerhardt! Bei solchen Verheißungen finde ich dann auch ganz natürlich: ›Er wird zwar eine Weile mit seinem Trost verziehn und tun an seinem Teile, als hätt' in seinem Sinn er deiner sich begeben und solltst du für und für in Angst und Nöten schweben, als frag er nichts nach dir‹. Das alles paßt wie zugeschnitten auf meine Lage. ›Wird's aber sich befinden, daß du ihm treu verbleibst, so wirst du Hilfe finden, da du's am mind'sten gläubst; er wird dein Herze lösen, von der so schweren Last, die du zu keinem Bösen bisher getragen hast.‹ Und siehst du, darauf freue ich mich mächtig und darauf bin ich immer froher geworden, und ich hoffe, daß nun meine Niedergeschlagenheit endgültig vorbei ist.«

Und auch in den Kerkern und vor der Hinrichtung gaben diese Lieder letzten Halt und begleiteten auf dem Weg in die Ewigkeit. Oberst Freiherr von Roenne hatte am Attentat auf Hitler am 20. Juli 1944 nicht mitgewirkt, Gewissensbedenken verboten es ihm. Aber die freundschaftlichen Beziehungen mit den Männern des Widerstandes genügten zur Verurteilung. Er wurde am 12. Oktober 1944 in Berlin-Plötzensee 42jährig hingerichtet. Im Abschiedsbrief an seine Mutter schrieb er: »Ich hatte mir erst selbst Gedankengänge überlegt, die mir Kraft und Freudigkeit zum Sterben geben sollten, da zeigte Er mir plötzlich zwei Mittel: Vor allem sollte ich mir doch in voller Realität mein Sterben vergegenwärtigen und erst mit Seinem vergleichen. Das hat mir unendlich geholfen: Dort der Sündenlose, freiwillig von seinen ›Erlösten‹ viele Stunden zu Tode gemartert, hier gegenüber ein Augenblicksgeschehen eines Vorgangs, der mir sowieso einmal und vielleicht viel qualvoller – lange Krankheit – bevorstehen muß. Den Hinweis erhielt ich durch die zwei schönen Verse ›Wenn ich einmal soll scheiden‹ und besonders ›Und laß mich sehn dein Bilde‹. Da schämte ich mich aller Hemmungen und wurde furchtlos. Und dann verwies er mich noch darauf, daß ja der Todesaugenblick zugleich der erste in Seiner seligen Ruhe und Gottesfrieden ist. Diese Gedanken festhaltend, sehe ich seit Tagen stündlich der Abfahrt zu raschem Heimgang völlig ruhig und frei entgegen mit ganz stillen Gedanken und Puls und habe volle Zuversicht, daß das kurze letzte Geschehen ebenso von Seiner unbeschreiblichen Gnade durchleuchtet sein wird.«

Der evangelische Theologe und Widerstandskämpfer Dietrich Bonhoeffer schrieb am 4. Advent 1943 aus dem Gefängnis in Berlin-Tegel:
»... Mit geht in den letzten Wochen immer wieder der Vers durch den Kopf: ›Lasset fahrn, o liebe Brüder, was euch quält, was euch fehlt, ich bring alles wieder.‹ Was heißt dies: ›ich bring alles wieder‹? Es geht nichts verloren, in Christus ist alles aufgehoben, aufbewahrt, allerdings in verwandelter Gestalt, durchsichtig, klar, befreit von der Qual selbstsüchtigen Begehrens.

Christus bringt dies alles wieder, und zwar so. wie es von Gott ursprünglich gemeint war, ohne die Entstellung durch unsere Sünde. Die aus Eph 1, 10 stammende Lehre von der Wiederbringung aller Dinge ... ist ein großartiger und überaus tröstlicher Gedanke. Das ›Gott sucht wieder auf, was vergangen ist‹ bekommt hier seine Erfüllung. Und niemand hat das so einfach und kindlich auszudrücken vermocht wie Paul Gerhardt in dem Wort, das er dem Christuskind in den Mund legt: ›Ich bring alles wieder‹ (in dem Lied: Fröhlich soll mein Herze springen). Vielleicht kann Dir dieser Vers in den kommenden Wochen auch etwas helfen.

Außerdem habe ich zum ersten Mal in diesen Tagen das Lied: ›Ich steh an deiner Krippen hier ...‹ für mich entdeckt. Ich hatte mir bisher nicht viel daraus gemacht. Man muß wohl lange allein sein und es meditierend lesen, um es aufnehmen zu können. Es ist in jedem Worte ganz außerordentlich gefüllt und schön. Ein klein wenig mönchisch-mystisch ist es, aber doch gerade nur soviel wie es berechtigt ist; es gibt eben neben dem ›Wir‹ doch auch noch ein ›Ich‹ und Christus, und was das bedeutet, kann gar nicht besser gesagt werden als in diesem Lied ...«

Elisabeth von Thadden, Leiterin eines Landerziehungsheims in Heidelberg-Wieblingen, wurde 1943 durch einen Spitzel an die Geheime Staatspolizei verraten und wegen Wehrzersetzung und Hochverrat zum Tode verurteilt. An beiden Händen mit Ketten gefesselt blieb sie bei allen Verhören standhaft und verriet keinen Namen ihrer Freunde, wodurch sie sich vielleicht hätte loskaufen können. Der Pfarrer, der sie am 8. September 1944 bis zur Tür des Hinrichtungsraumes begleitete, berichtete, daß sie diesen Weg sicheren Schrittes und ohne Zittern ging. Das waren ihre letzten Worte: »Mach End, o Herr, mach Ende mit aller unsrer Not; stärk unsre Füß und Hände und laß bis in den Tod uns allzeit deiner Pflege und Treu befohlen sein, so gehen unsre Wege gewiß zum Himmel ein.«